ACTE IV, SCÈNE III.

CHRISTINE A FONTAINEBLEAU,

DRAME EN CINQ ACTES, EN VERS,

par Frédéric Soulié,

REPRÉSENTÉ SUR LE THÉATRE DE L'ODÉON, LE 13 OCTOBRE 1829.

PERSONNAGES.	ACTEURS.	PERSONNAGES.	ACTEURS.
CHRISTINE, reine de Suède.	Mlle GEORGES.	LANDINI, chimiste au service de la reine.	M. DELAISTRE.
MONALDESCHI (le marquis de), grand-écuyer de la reine.	M. LOCKROY.	DORIA, gentilhomme italien au service de la reine.	M. LEROUX.
GUISE (le duc de), envoyé par Louis XIV près de la reine.	M. A. VINCENT.	SANTINELLI, capitaine de compagnie franche.	M. LEBRUN.
SUÉNON DE LA GARDIE (comte), jeune Suédois.	M. MARIUS.	LE P. LE BEL.	M. TOULOUZE.
CHARNACÉ (baron de), gentilhomme français.	M. DELAFOSSE.	MICHELI, domestique de la reine.	M. MÉNÉTRIER.
CLAIRET, intendant de la reine.	M. E. BERNARD.	MARIANNE, fille de Clairet. } Femmes de chambre de Christine.	Mmes A. NOBLET.
SIMON, secrétaire.	M. ARSÈNE.	FANCHON, femme de Landini.	
MÉRULA, bandit napolitain au service secret de Monaldeschi.	M. LIGIER.		E. DUPUIS.
BEMPO, gentilhomme italien au service de la reine.	M. DUFONT.	SOLDATS DE SANTINELLI, GENTILHOMMES ITALIENS, FEMMES DE LA REINE, VALETS, PAGES, etc., DE CHRISTINE.	

PRÉFACE.

C'est, en vérité, un pitoyable métier que celui d'auteur dramatique; si quelqu'un veut en savoir quelque chose, qu'il lise cette préface, c'est mon histoire.

Imaginez-vous un jeune homme retiré à la campagne. Autour de lui une nature vaste et riche, avec des bois sombres, des eaux fraîches et voilées, des prairies qui parfument l'air du soir, des versans de colline chargés de verdure : à côté, des rochers nus et gris, des torrens qui n'arrosent que quelques arbres chétifs, des marais fangeux et des plaines où le sable brûle. Parmi les jours passés dans la retraite, les uns ont été tout de soleil, d'autres pleins de longues pluies, plusieurs mêlés de calme et d'orages. Imaginez encore que la société a jeté, dans cette nature de contrastes, les contrastes de sa vie, ses palais de campagne où aboutissent de larges routes sillonnées d'équipages brillans, qui emportent de belles jeunes filles qui rient et semblent heureuses; et pour les voir passer, un mendiant assis sur le bord du chemin, une vieille femme qui conduit à grand'peine la chèvre qui la nourrit, et le poète qui regarde et qui rêve: et supposez, supposez un moment, que, sans raison, sans but, il soit soudainement saisi de la pensée d'un drame.

Il faut bien le dire, ce ne sera plus l'heure des poétiques. Aristote sera oublié aussi bien que Schlegel. La présence du vrai sera trop solennelle pour qu'il y ait souvenir des convenances de l'art. A coup sûr, ce sera un tort : un tort comme de dire la vérité aux puissans, un tort comme de faire un portrait de vieille femme qui ressemble. Mais qui peut blâmer un honnête homme d'obéir à sa conscience, un poète de suivre de bonne foi son inspiration? Et, comme la vérité que le poète sait voir et refléter est un mélange de beau et de laid, de grand et de petit, de bon et de mauvais, il voudra faire un drame où tout cela se trouvera, au risque d'être vrai, sans désir de suivre ou d'enfreindre des règles, et surtout sans ambition de fonder ou de détruire.

Cependant le drame s'appellera *Christine*.

Pour les faits qui ne vivent plus, la vérité, c'est l'histoire, non pas celle des historiographes, cette histoire qui ressemble aux tableaux de ces artistes barons, où tout le monde a la jambe admirable, le visage rose et un bel habit de velours. Le poète se rappellera que, dans la vérité, il y a des courtisans boiteux, des grands seigneurs laids et jaunes, et du peuple en guenilles; et il cherchera cette vérité avec conscience et étude.

Malheur au poète qui arrache le masque à ses héros. Il y va pour lui de tout l'enthousiasme du vulgaire pour les habits brodés: singulière disposition du peuple, qui ne peut croire aux infirmités sous la pourpre. Que faire cependant en présence du meurtre de Monaldeschi? Être vrai. C'est un devoir de poésie et de conscience. Alors, il arrivera que le drame sera pénible à voir comme une mauvaise action; et de plus, une mauvaise action, non pas inspirée par ces vices cérémonieux qui seuls ont droit d'entrée dans le palais tragique, non pas accomplie par des personnages tout fardés de sentences alexandrines, mais, mauvaise action, résultat d'intérêts honteux et laissée à la place où le crime doit rester. Car, cet effort de l'art, d'éteindre les tristes couleurs de la vérité sous l'éclat de la poésie, est encore plus qu'un mensonge: c'est un attentat à la morale. Il est arrivé qu'à force d'embellir les personnages, on a fait le vice moins hideux: et de là, chose remarquable,

le rang des coupables dramatiques a établi une sorte de hiérarchie dans le crime. Le respect qu'inspire la royauté a toujours sur notre scène garanti l'adultère, le meurtre et l'inceste du dégoût et du mépris, et enfin, une phrase a été créée par les critiques, phrase qu'ils répètent sans cesse aux poètes, sans que les honnêtes gens murmurent et s'indignent: c'est qu'au théâtre il faut savoir ennoblir le crime... ennoblir le crime!

Rappelons-nous seulement la disposition du poète destiné à être vrai, et demeurant fidèle à l'histoire de Christine.

Ce fut une grande reine. Cela a été dit, et puis répété, et enfin admis comme une vérité, et sans doute, c'est une vérité. Mais cette grandeur, mal apprise par le peuple, il en enveloppe le personnage tout entier. C'est une grande reine; voilà ce qu'il sait de l'histoire de Christine : une grande reine, c'est un modèle des plus hautes qualités et des plus rares vertus; voilà ce qu'il a appris dans les définitions philosophiques de l'école : et puis vienne le poète combattre ces préjugés avec l'arme de la vérité, toute puissante qu'elle soit.

Christine, esprit supérieur à son siècle et à son sexe, qui lutta de courage et d'activité avec les rois, de science et de talent avec les meilleurs génies de l'Europe, qui seule réunit sur sa tête les lauriers de la guerre et les palmes du savoir, n'a pas à coup sûr usurpé l'attention du monde, et c'était un beau personnage à faire agir dans un conseil, sur un champ de bataille ou dans une académie. Mais le poète avait choisi son drame dans la vie du cœur, dans les actes de l'intimité. Ici le vice était la vie usuelle, la manière d'être de chaque jour, le crime, le résultat inévitable de cette vie. Qu'y faire? Toujours et encore être vrai. Voilà pourquoi Christine est livrée à ses passions sans frein; voilà pourquoi cette cour dont le nom semble aux yeux de tous une promesse d'élégance, va se montrer dans le drame un cénacle honteux de courtisans, de valets et d'assassins.

Ne dites pas que le poète s'est jeté à plaisir dans une création bizarre de personnages dépravés. Il faudra bien qu'il y ait atrocité dans l'ame de cette reine, qui fit empoisonner un joueur de flûte qui osa quitter sa cour; et certes il serait difficile de calomnier les mœurs d'une femme qui n'usa de ses droits de franchise dans ses palais de Rome, que pour y donner asile aux femmes perdues et aux meurtriers. Si le poète cherche autour de ce personnage ceux qui ont accompagné sa vie, ne pensez pas qu'à plaisir il en choisisse de vils et de lâches. Non certes; mais quand se présente le plus célèbre de tous par sa mort, Monaldeschi, son amant, il le prend tel qu'il fut : ambitieux; avec des sens d'Italien qui le rendaient infidèle, coupable non pas d'un vol, mais de mille, et qu'il ne faut pas s'étonner de voir lâche et vil à l'heure de sa mort, puisqu'il le fut assez pour dire les secrets d'une femme qui était sa reine et sa maîtresse. Vous vouliez autour de Christine un cercle de beaux et grands seigneurs, à vertus sentencieuses, ou tout au plus coupables de crimes fastueux ou de vices titrés; l'usage le voulait, l'histoire s'y est refusée. Pressée avec ardeur et sang-froid, elle a donné Mérula, insouciant coupe-jarret, à la solde de Monaldeschi, qui assassinait un officier du pape sur les marches de Saint-Pierre; elle a fourni aussi Landini, tremblant et habile fabricateur de poisons, tout fier d'enseigner son art à la reine. Le poëte les a pris tels quels, et comme elle il a nommé par leur nom quelques-uns de ces nobles Italiens qui se vendaient à qui pouvait avoir et payer des courtisans. Il n'a pas fait de Santinelli autre chose que l'homme qui reçut quelques louis pour un meurtre, et surtout il a laissé auprès de la reine ce Clairet qui domina sa vie comme le génie du mal. Et maintenant, si l'auteur dramatique a ajouté à cette cour hideuse quelques personnages qui en étaient moins intimement, c'est qu'ils se sont trouvés sur les pas de Christine. Guise la reçut aux frontières par ordre de Louis XIV. Suénon de La Gardie était le fils de son premier amant, et servait le drame dans les souvenirs qu'il fallait ramener de la vie de cette reine avant son abdication. Quant à Charnacé, il était difficile de résister à l'envie d'introduire dans le drame ce caractère de débauché brave, insouciant, généreux, et que la protection que Christine accordait à tous les coupables, et l'ambassade de son père en Suède y amenaient si naturellement. Pour dernière excuse, enfin, du choix de ses personnages, le poëte se rappellera que Monaldeschi fut soupçonné d'infidélité, et on ne s'étonnera pas qu'il ait voulu mettre en œuvre tous les ressorts de cette grande catastrophe, et qu'à cette fin, il ait créé cette Marianne, qui aime seule d'amour, et qu'il l'ait faite la fille de Clairet pour rendre plus poignans les intérêts de vengeance de ce valet-maître.

Vous voyez bien que les élémens du drame une fois pris dans la vérité historique, il deviendra impossible d'obéir aux convenances tragiques des maîtres. Ne demandez pas à l'auteur d'un pareil drame des scènes graves et nobles, des tableaux éclatans et larges, avec toute une vie de plusieurs années en exposition, et, dans le dénouement, une prévision des malheurs qu'amène le crime à sa suite: ne lui demandez pas cela; car, à vrai dire, la mort de Monaldeschi ne fut qu'un événement sans antécédens et sans résultat. Il était l'amant de la reine, il l'offensa, elle se vengea: voilà tout: un officier moins dans sa maison; il n'en souffre dans l'ordre social, pas même le service des écuries de Fontainebleau. Alors le poëte, privé de ces grandes leçons qui jaillissent des catastrophes qui ébranlent le monde, se jettera avidement sur les détails d'une vie singulière, il prodiguera les contrastes de scènes et de personnages. Et puis viendra le langage de chacun, rude et franc, parlant vite, dans une action qui court et dans laquelle une périphrase tiendrait la place d'un événement. Racine a parlé la langue de son drame tout solennel, grave et mesuré. Le poëte a fait au drame de Christine la langue qui lui va, noble ici, douce là, grossière s'il le faut, triviale même. Mais passons. Une pensée domine le poëte: il veut être vrai. Le drame se compose, il se travaille, il s'achève, il s'étudie, il se joue sous cette inspiration.

Voici le public.

Lorsque Diogène jeta dans l'école un coq plumé en disant: — Voilà l'homme de Platon, il tuait une définition sous une plaisanterie: qui oserait définir le public sans craindre le coq de Diogène? Et véritablement qui pourrait dire, de nos jours, ce qui est le public, où il est, et ce qu'il est.

Oh! combien ce fut sottise et maladresse à ces jeunes hommes qui l'ont désenchanté de ses amours autrement que par la séduction. Amenez à cet amant d'une femme déjà moins belle une fraîche et douce jeune fille; qu'elle passe devant lui sans regard d'amertume contre sa rivale, et souriant seulement pour plaire. N'avertissez pas le cœur qu'il se trompe, et son instinct le conduira bientôt où est la vie de son âge, l'amour de son amour, où sont les délices et les enivremens. Mais, malheur à vous, si vous avez commencé par insulter l'idole que vous voulez renverser; malheur! car vous aurez appris à l'homme que son amour peut être une erreur et son bonheur un ridicule. Il sait déjà qu'il s'est trompé, et qu'il s'est trompé lorsqu'il a été heureux: c'en est fait; c'est un cœur flétri. Vienne la plus belle jeune fille; à l'heure où il l'aurait aimée sans vous, il se demande si elle est assez jeune et assez belle pour qu'il l'aime! Voilà ce que vous avez fait du public, jeunes hommes. Vous lui avez fait honte de son amour; vous avez arraché de son admiration tout le vieux drame français; vous avez détruit dans son cœur la foi qu'il avait en des œuvres immortelles, et vous vous étonnez de ne lui en pas trouver pour une religion qui n'a pas encore fait de miracles.

Il faut le reconnaître, le public n'aime plus son bonheur: il va vers le plaisir en homme déjà dupé. Mais, dans cette vaste et incertaine disposition, que de petites ambitions se dressent, que de petites guerres s'allument, que de petits intérêts s'agitent particllement et l'irritent encore, sans que la masse prenne une direction et entraîne le siècle dans sa marche.

Ce sont les chefs de tous ces petits partis et quelques douzaines de séides à la suite, qui font ce qu'on appelle le public littéraire; ce public à part, qui est presque toujours le public d'une première représentation. Dans celui-ci, il y a d'abord une sorte d'hommes qui regardent l'art dramatique comme une lice à trois côtés, qu'ils appellent les trois unités. Quel que soit le combat que vous voulez livrer, le tableau que vous voulez produire, l'époque qu'il faut animer, le triangle dramatique est là: ils vous y enferment; c'est là qu'il faut marcher, agir, combattre et vaincre. Faites attention à ces hommes, ils calomnient toute la jeunesse littéraire sous le manteau de

Corneille et de Racine, comme la Gazette insulte à la France, sous prétexte du salut de la monarchie. Dans leur langage, ils disent comme Pompée : Tout ce qui n'est pas pour nous est contre nous. Et s'il arrive qu'un poëte dont l'admiration pour les grands maîtres de la scène lui a appris que c'est par des chemins nouveaux qu'il faut arriver à la gloire dont ils ont cueilli tous les lauriers sur la route qui leur appartient; si ce poëte, dis-je, conçoit et ose chercher un drame en dehors de l'empire de ces grands hommes : ils jureront sur les autels, qu'il veut renverser le culte des vrais dieux, qu'ils l'ont entendu blasphémer contre les génies protecteurs de notre gloire; ils parodieront sa pensée en insulte. Ces gens-là auraient dit de Christophe Colomb, lorsqu'il cherchait un monde, qu'il fuyait l'Espagne et désertait la patrie.

Après tout, ceux dont je viens de vous parler sont la plèbe des beaux esprits; ils sont en si grand nombre, qu'on n'en connaît pas un. Pourtant la masse a un nom, elle s'appelle classique, comme d'autres s'appellent ultràs, sans que ce nom dise rien de ce qu'ils veulent; mais, sûrement, tout ce qu'ils ne veulent pas les uns et les autres, la jeunesse et la liberté.

De ceux-ci, passons aux aristocrates de ce public. Ils sont peu nombreux, quelques soleils et un dieu! Venez les entendre lorsqu'ils s'écoutent entre eux. Pour leurs productions, *l'admirable* est presque une injure, le *sublime* est le plus bas de leurs éloges; et vraiment c'est un beau spectacle, de les voir arriver au hurlement laudatif par les degrés du *ravissant*, de *l'étourdissant*, du *renversant*, du *miraculeux* et de *l'immense*. L'adoration mutuelle n'est pas la seule base de l'association ; le *nul n'aura d'esprit hors nous et nos amis* est de principe fondamental, de façon que le trissotinage est au complet, si ce n'est qu'ils ne savent pas le grec... ni l'anglais. Mais l'aristocratie littéraire, comme l'aristocratie politique, fait d'ignorance preuve de noblesse.

Cependant tout ceci ne serait que ridicule, si ces petites envies de régner et de nuire ne montaient pas plus haut que messieurs tels et tels; mais c'est qu'en vérité, il est pénible que trois ou quatre hommes de talent vrai et puissant se laissent élire les chefs de cette noblace d'écrivains impuissans et faux, sans s'apercevoir, ces rois littéraires, que pour s'être faits quelques serfs, ils ont perdu tout un peuple.

A ces deux élémens du public des premières représentations... ajoutez... deux cents élégans de café qui suppriment le *monsieur* devant tous les noms, comme s'ils parlaient toujours d'un goujat ou d'un grand homme ; fort vaniteux de ne rien faire, de n'avoir rien fait, et de se dire usés, fort connus au théâtre du boulevart pour y lutter de gestes et de paroles avec les interrupteurs du paradis.

Armez-les : les premiers du sifflet; les seconds du ricanement; les derniers de ce qu'ils appellent *la blague*, en style de populace, et figurez-vous le malheureux drame de *Christine* lancé, tout seul, dans le cirque, sans que le fond du vrai public se soucie de ce qui va en arriver : car on l'a amené à ne prendre plus souci de rien, on l'a amené à se défier de tout.

Comment vous la raconter cette représentation? Si je veux être vrai, on dira que je calomnie. Eh bien! à la place que devait tenir le récit de cette soirée dans cette préface, laissez-moi vous dire une aventure qui ne me fera pas du moins soupçonner de partialité.

C'était à Saragosse. On conduisait un accusé devant le tribunal de l'inquisition. Il ne marchait encore qu'au jugement, et cependant pour le voir passer entre deux haies de soldats et de familiers, la foule était aussi grande que si le confesseur et le bourreau, tous les deux en grand costume, étaient déjà à sa suite, et que si l'échafaud avait été dressé; on ne saurait dire si le silence qui accueillit ses premiers pas fut attente, indifférence, ou préméditation. La vérité, c'est qu'il avançait paisiblement. Au détour d'une rue, la foule se trouva plus serrée, le cortége eut quelque peine à se faire jour; cependant il passa, mais il y eut un mot murmuré par des milliers de bouches; on sentit cette masse animée vibrer en elle-même, et les deux haies de soldats et de familiers plier et flotter un moment. Pourtant le murmure se tut, la marche redevint calme; pas un cri, pas une insulte, cela n'était rien : rien sans doute pour des yeux sans expérience. « Marchez, marchez vite, » dit tout bas un vieux officier qui commandait l'escorte. Elle arriva à ce beau pont sur l'Èbre dont une seule arche est grande comme un pont... voilà que tout-à-coup ce silence farouche qui accompagnait le misérable et ses gardiens est déchiré par un cri plus farouche encore... C'est un Français, cria un moine. C'est un Français! c'est ce mot qui avait été murmuré sourdement un instant auparavant, et qui venait de sonner comme un tocsin. Alors il se passa une de ces scènes qu'on voit une fois pour en frémir toute sa vie. La masse populaire s'anima lentement, comme un tigre qui s'éveille ; le flot pesant de vingt milliers d'hommes vint battre la digue de baïonnettes et de croix qui entouraient l'accusé. Les soldats firent long-temps leur devoir, mais quelques femmes se glissèrent entre eux, les rangs se trouvèrent moins pressés, une voie fut ouverte à l'irruption; elle fut de la durée d'un éclair ; les hommes d'armes et les familiers furent dispersés dans le choc comme les débris d'un navire, et les fusils et les croix, naguère unis autour d'un homme, furent vus flottans comme d'inutiles agrès au-dessus de la multitude. Alors elle s'était saisie du coupable, alors se commença un cri qui bientôt fut vaste comme elle, et long comme l'agonie de la victime. Effroyable agonie! d'abord les insultes; le malheureux ; jeté de mains en mains, couvert de boue, et à qui les femmes crachaient au visage; bientôt le peuple, s'animant, mais ne frappant encore que de ses mains désarmées, lui arracha ses habits, le renversa sur le pavé, le releva par les cheveux, et fit de son corps une douloureuse contusion ; un toréador l'atteignit au visage, le sang coula, la foule fut ivre ; un coup de couteau dans le cœur eût été un acte de pitié ; il y eut encore dix minutes de supplice. Dans le long gémissement de mort qu'exhalait la victime, s'élevait à chaque instant un cri plus douloureux, c'était une nouvelle blessure ; tant que cet amour de la vie qui rend l'homme si fort soutint le misérable pour crier grâce et tenter la fuite, il trouva des mains pour l'arrêter et le frapper, jusqu'à ce qu'enfin, éperdu comme un homme ivre de vin, il alla trébucher et tomber près d'une borne, sans que personne pût dire que cette masse de chair brisée et palpitante avait eu la forme que Dieu donne à sa créature. Et comme il respirait encore, un homme lui cria de parler et de se défendre : le cannibale lui avait arraché la langue !

Certes, il faut le dire, si le fanatisme du quolibet a été une fois au théâtre aussi hideux que ce fanatisme de religion et de patriotisme, cela fut à l'occasion de ce *drame de Christine*. Des mots de la halle partis des loges, des apostrophes tutoyées adressées aux acteurs, des sifflets continus et des clameurs perpétuelles, sans qu'on ait pu entendre une scène entière de tout ce travail, voilà ce qu'on a appelé un jugement ! Ce fut une douleur poignante pour le poète, que cette haine qui s'acharnait à une œuvre que l'amour seul de l'art avait inspirée. Cette douleur, elle n'était pas pour ce drame de Christine qu'ils égorgeaient sans le connaître. Non ! derrière ce vaste rideau qui voile le fond du théâtre, dans cet espace long et étroit où le poète se promène seul quand le succès le trahit, pendant cette heure où tant d'espérances s'éteignent une à une, et la joie de la famille, et le triomphe des amis, et quelquefois le regard d'une femme ; en ce lieu et à cette heure, une idée seule occupait l'auteur si maltraité. Le public, ce public qui s'est fait le roi de toutes les pensées, étouffait avant son accomplissement la première pensée libre d'un jeune homme : et comme toute la jeunesse est dans ces mains qui brisaient l'arbre à la première feuille, il se disait douloureusement, en prévoyant que le même caprice peut disposer de tant d'œuvres qui se méditent et s'achèvent : — Oh ! les malheureux ! que de beaux drames ils nous tueront ! Heureux, cent fois heureux, si le poète, indigné qu'on ait mis à son œuvre le bâillon de Lally, n'est pas frappé dans son ouvrage ! car cela arrive aussi : et peut-être le million d'hommes qui a pleuré sur les infortunes de *Marie Stuart* est en droit de demander aux douze cents juges du *Cid d'Andalousie* ce que M. Lebrun a fait de sa lyre.

Et maintenant qui expliquera pourquoi cette rage et cet empressement à frapper ? car enfin la mort de l'accusé de Saragosse et la chute de *Christine* pouvaient être justes, mais on a si bien fait que la victime et le poète ont le droit de dire que cela n'a été qu'un assassinat.

Mais ce qui serait à coup sûr beaucoup plus difficile à expliquer, c'est que cet oubli de toute forme et de toute décence ait passé d'une assemblée où l'enivrement est si facile jusque dans la solitude où les autorités libres de l'époque rédigent leurs jugemens. Chercher le motif de la colère haineuse des journaux serait folie à un homme qui ne touche aux ambitions de personne, qui n'a point fait de profession de foi littéraire, qui n'écrit dans aucun journal, ne fait de lecture dans aucun salon, et n'a ni pension du roi, ni maîtresse au théâtre. Cependant comme deux ou trois ont montré le bout d'oreille de leur haine, il faut bien leur répondre.

Ce n'est pas qu'on veuille nier à la critique le droit d'être sévère ; ce n'est pas même qu'elle ne puisse et ne doive être impunément grossière et injuste ; libre à elle d'engager le combat ; seulement ne demandez plus au poète des armes courtoises contre des ennemis qui frappent à outrance. Le droit de représailles et surtout la vérité nous permettraient sans doute de traiter d'inepte pasquinade l'article du Constitutionnel, et ce serait tout au plus justice pour cette parodie inexacte, où tout l'esprit de critique d'un homme se réduit à appeler un ouvrage une mystification et un salmigondis ; où toute sa fine raillerie arrive à transformer le nom de CLAIRET en celui de CREVEL, et à dire qu'une affiche est un almanach, une table de dissection un matelas, et un écrin une tirelire. Mais véritablement cela ressemble si peu à la littérature, qu'il y aurait sottise à répondre à ces sottises, comme il y a folie à se battre à coups de poing avec un homme du peuple qui vous insulte, si ce n'était deux aveux qui se trouvent dans cet article.

Ce César de la critique avoue ingénument qu'il n'a rien compris au drame de *Christine*. Triste et plat métier que le vôtre, monsieur : vous n'avez pas entendu de nécessité physique les deux tiers d'un ouvrage joué au milieu du bruit, et cette seule considération n'a pas suspendu votre jugement ; bien plus, vous ne constatez pas même le fait du scandale de cette représentation, et n'ayant pas entendu assez de sottises, à votre désir, pour y trouver matière à deux colonnes d'injures, vous en inventez et dites après pour toute excuse : « Si ce ne sont celles-là, il doit y en avoir d'autres. » Certes, je ne sais pas ce que vaut en petits écus cette espèce de critique, mais, à coup sûr, elle ferait vendre cher celle de Nonotte et de Patouillet.

Toutefois vous prenez le soin de nous expliquer, dans la joie où vous êtes de notre chute, pourquoi ce coup de pied. Cette chute est un échec bien fatal, dites-vous, pour la coterie romantique ; et sur ce soupçon que vous allez exterminer l'un de ses adeptes, vous injuriez sans mesure un homme dont vous ignorez la vie et les opinions littéraires. En vérité, pour être si dupe, ce n'était pas la peine d'être si brutal.

Il faut que cette préoccupation ait été bien

forte pour entraîner dans le même style de critique un homme dont le jugement affecte ordinairement une satire polie et une malveillance mielleuse; mais la haine de la coterie soufflait si fort au cœur des cagots littéraires, que voilà le rédacteur du Courrier Français qui commence par où finit le rédacteur du Constitutionnel, en célébrant la chute de *Christine* comme une défaite de parti, et puis il finit par où a commencé son confrère, en avouant qu'il n'a rien compris au drame ; de façon que M. Moreau a écrit un article qu'on pourrait dire de M. Évariste Dumoulin.

Ah! M. Moreau!

Il n'est guère concevable que la haine littéraire puisse aller plus loin à une époque où l'on a tant de raisons sérieuses de se haïr : aussi nous comprenons beaucoup mieux le langage de la Gazette de France. Ici on sait à quoi s'en tenir ; ce sont des gens qui écrivent avec de la boue et du sang, qui au premier hémistiche vous dénoncent au procureur du roi, et qui appellent contre vous des cachots et des gibets. A la bonne heure, c'est un métier franc, s'il n'est pas honnête ; mais il est honteux que ceux qui se disent les mandataires de toutes les idées nouvelles abusent de la probité politique de leur journal pour calomnier et dénoncer à la France toute la jeune littérature.

Au reste, si l'auteur de Christine a répondu aux articles du Constitutionnel et du Courrier qui l'avaient accusé du crime de coterie, c'est pour leur dire qu'il s'est présenté seul au public et sans autre appui que lui. S'il a fait une préface, ce n'est pas pour entreprendre la défense littéraire de son drame, mais pour expliquer comment ce drame aurait pu tomber toujours et dans tous les cas, et quel que fût son mérite. C'est surtout pour déclarer qu'il n'accepte pas le jugement du public ni celui des journaux, et enfin, pour en revenir au point d'où il est parti, pour prouver que c'est véritablement un pitoyable métier que celui d'auteur dramatique.

ACTE PREMIER.

Le théâtre représente un salon assez petit, ouvert par le fond par une grande porte et deux croisées latérales qui laissent voir une vaste salle en galerie. Deux gardes sont dans cette galerie, et passent devant la porte et les fenêtres du petit salon, qui sont ouvertes. A droite de l'acteur est une porte de la hauteur de la porte du fond ; à gauche, une petite porte basse et moins visible ; sur le premier plan à droite, une cheminée et une pendule; auprès, une table, des livres, du papier et des flambeaux allumés ; à gauche, une croisée près de la petite porte; des fauteuils et des pliants çà et là.

SCENE PREMIERE.

LANDINI, MÉRULA, UN OFFICIER, *paraissant dans le fond avec* DEUX GARDES.

L'OFFICIER, *s'arrêtant de loin.*
Fontainebleau!

LES GARDES.
Christine !

Les nouveaux gardes s'approchent des premiers; on échange les mots d'ordre tout bas. L'officier s'éloigne avec les gardes. Aussitôt les nouveaux venus posent leur arquebuse contre les croisées du fond, et entrent avec précaution dans le petit salon.

LANDINI.
Enfin nous y voilà.
Je suis bien déguisé, n'est-ce pas, Mérula?

MÉRULA.
Oui certes. Maintenant découvrons les deux portes.

LANDINI.
Rien ne peut me trahir?

MÉRULA.
Si l'habit que tu portes
Laisse percer encor l'alchimiste voleur,
Il te prête du moins certain air de valeur
Sous lequel Landini suffisamment se cache.

LANDINI.
Ce que je fais ici n'est pas le fait d'un lâche,
Et d'ailleurs cet habit te sied aussi fort bien.

MÉRULA.
Tu trouves?

LANDINI.
Il te donne un air d'homme de bien
Qui fait que l'assassin ressemble à l'alchimiste.

MÉRULA, *portant la main à son poignard.*
Encor deux mots pareils, et que le ciel t'assiste!..

LANDINI.
Doucement ! Chaque jour tu deviens plus brutal.
Voyons, de quel côté donnons-nous le signal ?
Par où sortirons-nous avec la jeune fille?

MÉRULA, *allant à la porte de gauche.*
La porte que voici mène jusqu'à la grille
Où le carrosse attend.

LANDINI.
C'est l'escalier secret
Par où Monaldeschi le matin disparaît.
Jésus ! à quel métier le marquis nous condamne !

MÉRULA, *allant à la porte de droite.*
Celle-ci, c'est par là que sortira Marianne,
Chez la reine conduit par un long corridor.

LANDINI.
La fille de Clairet... et nous pour un peu d'or!...
A Mérula.
Tiens, à trop de dangers cette action nous livre;

Nous avons mes poisons et ton poignard pour vivre,
Quittons Monaldeschi.
MÉRULA.
Pourquoi donc, s'il vous plaît?
LANDINI.
C'est que ce n'est pas là ce qui nous appelait.
Et-ce pour satisfaire un amour de jeune homme
Que depuis plus d'un mois nous avons quitté Rome?
Il sera roi, dit-il, et nous, nous nous mettrons
Une couronne au cou.
MÉRULA.
Modèle des poltrons,
A quoi donc es-tu bon, si tu crains qu'on te pende?
LANDINI.
C'est que tu ne sais pas ce que l'on nous commande,
Non... tu ne le sais pas!... Aller seul en plein jour
Frapper Louis Quatorze au milieu de sa cour,
Ou servir du poison dans de l'eau froide et claire,
Serait moins imprudent que ce qu'on nous fait
[faire.
MÉRULA.
J'ai l'ordre du marquis, son premier intérêt
Sera de me sauver.
LANDINI.
Te sauver de Clairet?
Souviens-toi de ce jour où Clairet, à sa honte,
Las du nom d'intendant, voulut devenir comte.
Qui de tous ses travaux lui fit perdre le fruit?
MÉRULA.
Le marquis; cela fit alors assez de bruit.
LANDINI.
Eh bien! tant qu'il vivra, que Monaldeschi tremble!
Et pour nous, qu'aujourd'hui même chance ras-
[semble,
La meilleure défense est un profond secret;
Car si le marquis peut donner prise à Clairet,
Il en a bien assez de se sauver lui-même.
MÉRULA.
Bah! La reine en est folle.
LANDINI.
Oui, mais plus elle l'aime,
Plus cet enlèvement est coupable à ses yeux :
Son amour outragé deviendra furieux.
MÉRULA.
Il serait impuissant... Vois avec quelle adresse
Le marquis, de la reine abusant la tendresse,
Il a su l'entourer des plus étroits liens.
Le palais est déjà peuplé d'Italiens.
Excepté Suénon, comte de la Gardie,
Dont la flamme à parler s'est, dit-on, enhardie,
Tous les officiers, tous, sont de notre pays.
LANDINI.
Je ne m'y fierais pas si nous étions trahis.
Mais c'est Clairet...
MÉRULA.
Clairet, c'est un bien terrible homme!
Tout le monde à présent tremble dès qu'on le
[nomme;
Mais la peur seule prête un pouvoir aussi grand
Aux talens ignorés d'un valet ignorant.
LANDINI.
Ce valet ignorant, puisqu'il ne sait pas lire,

Près de Gustave-Adolphe avait beaucoup d'em-
[pire;
Sur sa fille Christine il n'en garde pas moins,
Et j'ai peur...
MÉRULA, l'interrompant.
Landini, tes yeux furent témoins
D'un outrage au marquis fait dans un bal à
[Rome...
L'agresseur était brave, il était gentilhomme,
Officier du Saint-Père et puissant à sa cour;
Son nom me fut appris une heure avant le jour,
Et quand le jour parut il gisait sur la pierre,
Poignardé sur le seuil des portes de Saint-Pierre.
J'obéis... obéis : j'ai répondu de toi.
LANDINI.
Sainte vierge Marie, ayez pitié de moi!
MÉRULA, *brutalement.*
Allons...
LANDINI, *tranquillement.*
Allons.
MÉRULA, *allant vers la porte du fond.*
Chut... paix... Tenons-nous sur nos gardes,
J'entends déjà du bruit dans la salle des gardes,
La reine va rentrer, appelle.

Landini va près de la porte qui conduit chez la reine, et frappe trois coups dans ses mains.

Bien...
LANDINI, *après avoir écouté et attendu, à voix basse et à travers la porte.*
Fanchon,
Fanchon, ma femme?
MÉRULA.
Eh bien! te répond-elle?
LANDINI.
Non.
MÉRULA.
Appelle encor.
LANDINI.
Fanchon?

SCÈNE II.

FANCHON, *entr'ouvrant la porte de la reine;* LANDINI, *près de cette porte,* MÉRULA, *veillant à la porte du fond.*

FANCHON.
C'est moi... silence; apprête
Les papiers.
LANDINI.
Les voici. Tu sais...
FANCHON.
Sur la toilette,
Dans la chambre à coucher.
MÉRULA, *sans quitter la porte du fond.*
Que la reine, ce soir,
Ne puisse s'endormir sans les apercevoir.
FANCHON.
C'est convenu. Bonsoir.

LANDINI.
Bonsoir.
MÉRULA.
Eh! vite, alerte,
La cour rentre, et je vois la galerie ouverte.

Ils reprennent tous deux leurs postes en dehors du salon.

SCÈNE III.

Un huissier précède la reine, qui entre donnant la main à Guise. Suivent les autres personnes.

SUÉNON, *à droite de la scène, tout-à-fait sur le devant, dans une attitude morne;* CHARNACÉ, *à côté, l'air fort dégagé,* CHRISTINE, *très-préoccupée, observant Suénon pendant toute la scène;* GUISE, *à sa gauche;* MONALDESCHI, *à l'extrême gauche, regardant avec soin la reine et Suénon;* L'HUISSIER, *sur les portes du milieu;* LANDINI, MÉRULA, *dans la pièce qui précède, paraissant de temps en temps aux deux croisées. Cour nombreuse d'*OFFICIERS, *de* DAMES D'HONNEUR *et de* PAGES; QUATRE FEMMES DE SERVICE, *qui paraissent à la porte de la reine à la voix de l'*HUISSIER, *et parmi lesquelles est* MARIANNE.

L'HUISSIER, *à la porte du fond.*
La reine!
A la porte de la reine.
Le coucher!
Les femmes de service entrent, l'huissier se retire au fond.
CHRISTINE.
Messieurs, j'aurais plus tard
Écouté vos projets de chasse, où je prends part;
Mais vous partez ce soir, Guise, et je veux moi-
Écrire à Mazarin. [même
GUISE.
Vous?
MONALDESCHI.
Ce ministre m'aime,
Madame, et, sans troubler le repos de vos nuits,
Vous pourriez de ce soin me laisser les ennuis;
Mon crédit suffirait, je pense, en cette affaire.
CHRISTINE.
Oui... je le crois, marquis; mais Charnacé préfère
Me devoir ce service.
CHARNACÉ.
Il m'en sera plus doux.
Mais on peut refuser, madame, même à vous.
GUISE.
Comment?
CHARNACÉ.
Madame ignore encor mes plus grands vices!
Que j'aie à leurs couvens enlevé des novices,
Ou corrigé, la nuit, des bourgeois indiscrets,
Qui voulaient de leur femme apprendre les se-
[crets;
Que j'aie enfin, du roi, sans égard pour l'usage,
Sur un plomb peu loyal compromis le visage:
Cela touche, après tout, messieurs du parlement,
Et de leurs grands arrêts on a grâce aisément.
Mais j'étais de la Fronde, à la cour, à la guerre:
Le Mazarin le sait, et lorsqu'il a naguère
Voulu salir mon nom par un arrêt cruel,
Le faquin se vengeait de quelque gai Noël,
Où j'aurais pour l'état déploré la manie
Qu'on a des gens de rien, toujours gens de génie.
GUISE, *à Christine.*
L'âge saura calmer ces vifs ressentimens.
Mais d'un vrai gentilhomme il a les sentimens.
Son père eut vos bontés, et je me persuade...
CHRISTINE, *rapidement.*
Quand Charnacé m'aida pendant son ambassade
A porter le pouvoir que j'abdiquai depuis,
Il s'est acquis des droits à tout ce que je puis.
Je garderai son fils, qui promet d'être sage.
Toutefois Mazarin recevra mon message;
Bien qu'ici Charnacé soit à l'abri des lois,
A l'honneur de mes gens, à lui-même je dois,
Pour casser son arrêt, de beaucoup entreprendre.
MONALDESCHI, *avec intention.*
Dans votre cabinet alors je vais me rendre.
SUÉNON, *d'une voix étouffée.*
Madame...
CHRISTINE, *vite.*
Non, marquis; Suénon suffira.
Regardant Suénon.
Sous ma dictée ici lui-même il écrira.
Bonsoir, messieurs.
Guise et Charnacé se retirent et causent avec les officiers dans le fond.
MONALDESCHI.
Pardon.
CHRISTINE.
Marquis!
MONALDESCHI.
Je prends, madame,
La liberté qu'en vain mon regard seul réclame,
Puisqu'enfin ce regard n'est déjà plus compris.
Un courrier m'a ce soir apporté de Paris
Ces lettres qu'à vous seule il m'a dit de remettre.
CHRISTINE, *avec impatience.*
Oui, je les attendais.
MONALDESCHI.
Je n'ai pas été maître
De remplir ce devoir aussi secrètement
Qu'il le fallait.
CHRISTINE.
Demain... dans un autre moment,
Je les lirai... C'est bien.
MONALDESCHI, *à part, pendant que tout le monde salue.*
De moi l'on se défie;
Je vois qu'il était temps.
Tout le monde se retire, les gardes du fond eux-mêmes.

SCENE IV.

SUÉNON, *toujours profondément absorbé*, CHRISTINE, *qui a attendu avec anxiété que tout le monde fût retiré, et qui revient du fond de la scène.*

CHRISTINE.
Eh bien! que signifie
Ce désordre effrayant, ce billet insensé
Qu'au salon votre main dans la mienne a glissé?

Elle montre le billet, et l'ouvre.

C'est un ordre insultant, qu'une telle prière.

Elle lit le billet.

« Par grâce pour mes jours et par pitié dernière,
» Avant que Guise parte, un moment d'entre-
[tien... »
J'ai cédé, me voici, que me voulez-vous?

SUÉNON, *avec désespoir.*
Rien...
Rien, madame... oubliez, pardonnez ce délire :
Ce billet disait tout, si vous l'aviez su lire.
Ah!... Je me suis trompé.

CHRISTINE, *d'un ton de reproche doux.*
Suénon...

SUÉNON.
Pardonnez.
On ne peut fuir les maux qui nous sont destinés.
Les plus cruels manquaient aux douleurs de ma
[vie:
C'était de vous quitter quand je vous ai servie,
Et c'est de vous déplaire avant de vous quitter.

CHRISTINE.
Je ne puis vous comprendre.

SUÉNON.
Ah! daignez m'écouter!
Comme un dernier bonheur laissez-moi ma dé-
[fense.
Ce billet, de ma part, est sans doute une offense,
Mais... il fallait partir... ce soir absolument,
Madame, et je voulais avoir votre agrément.

CHRISTINE, *piquée.*
Pourquoi donc? Dans ma cour chacun fait à sa
Vous allez? [guise.

SUÉNON, *avec effort.*
Je m'attache à monseigneur de Guise.

CHRISTINE, *vivement.*
C'est donc que vous quittez ma maison?

SUÉNON.
Je le dois.

Se maîtrisant avec peine.

Bien jeune... mais issu d'un vieux sang suédois,
Entre tous ces marquis... qu'ici Rome expédie...

CHRISTINE, *sévèrement.*
Vous n'êtes plus à moi, comte de La Gardie,
Sortez...

SUÉNON, *douloureusement.*
Quoi!... Vous l'aimez!

CHRISTINE, *moins irritée.*
Non... Je hais les soupçons,
Les fous... et les donneurs d'imprudentes leçons.
Sortez.

SUÉNON, *prêt à sortir, avec désespoir.*
Ah! vous n'avez ni pitié ni clémence.
Cependant de mon cœur vous savez la démence.
Ah! quand dans la tristesse où je cachais mes jours
Vous veniez sur mes pleurs m'interroger toujours,
Moi je mourais sans dire une flamme insensée;
Votre pitié trompeuse égara ma pensée;
Du mal qui me brûlait elle excita l'aveu.
Eh bien! depuis ce jour osai-je faire un vœu?
Non, dans mon désespoir habile à me contraindre,
J'ai su vous épargner jusqu'au soin de me plaindre;
De me taire et souffrir me faisant une loi,
Vous ai-je jamais dit : Ayez pitié de moi?

CHRISTINE, *avec douceur.*
Eh! pourquoi donc ce soir... j'en suis encor saisie,
Ce billet... ce départ?

SUÉNON.
Pourquoi? La jalousie,
Un horrible soupçon... Oui, lorsque, loin de tous,
Le marquis semblait seul oublié parmi nous
(Et ce manège adroit a pu tromper les autres),
J'ai vu deux fois ses yeux interroger les vôtres;
Votre bouche deux fois a murmuré : Demain ;
Et deux fois j'ai trouvé mon poignard sous ma
[main.

CHRISTINE.
Et comment voulez-vous qu'une femme confie
Son bonheur, son repos, le secret de sa vie
A ce cœur insensé?...

SUÉNON, *avec amour.*
Dieu!

CHRISTINE, *triste et souriant.*
Vos vœux oubliés
N'aspiraient qu'au bonheur de souffrir à mes pieds.
Si je les écoutais avec moins d'indulgence,
Subirais-je aujourd'hui votre folle exigence?

SUÉNON, *suppliant.*
Oh! mais... si cet amour, plus soumis désormais...

CHRISTINE, *presque troublée.*
Non... non... je vous défends de m'en parler ja-
[mais.

SUÉNON.
Jamais...

CHRISTINE, *s'assurant.*
Oui, Suénon... Je le dois... je l'ordonne...

Elle lui tend la main.

Et je suis votre amie... Allez, je vous pardonne.

SUÉNON, *douloureusement, après avoir baisé sa main.*
Oh! madame!

CHRISTINE.
Il suffit; à Guise vous direz
Que demain...

Elle le renvoie de la main.

Dites-lui tout ce que vous voudrez.

SUÉNON.
Adieu, madame.

CHRISTINE.
Allez... Un mot... Cette dépêche

Doit toucher Guise, et même il se peut qu'elle
Son départ.   [empêche
SUÉNON.
Et c'est prendre un soin qui sera doux
A son cœur.
CHRISTINE.
Comme au mien, qui l'oubliait pour vous.
C'est bien de Mazarin... pressée et très-secrète,
Et toute de sa main... Un moment, je suis prête.

« Madame,

» L'issue de notre négociation ne peut tarder,
» et par conséquent le choix qu'il vous faut faire
» d'un roi de Suède. Vous penserez aux rivalités
» qu'exciterait dans la nation le choix d'un sei-
» gneur suédois. Le duc de Guise est d'un nom
» qui a porté trop de trouble dans la France pour
» que la famille de Bourbon vît avec plaisir tom-
» ber une couronne sur la tête du petit-fils du
» Balafré; quant à moi, vous savez où tendent
» mes amitiés et où porteront tous mes efforts;
» cependant le secret que vous faites de cette af-
» faire au marquis me fait craindre que vous
» m'ayez mal compris. Quoi qu'il en puisse être,
» il faut vous hâter. On distribue à la cour, sous
» le manteau, un libelle infâme contre votre ma-
» jesté; une main inconnue l'a fait pénétrer dans
» les plus intimes appartemens du roi. Un exem-
» plaire en a été trouvé sous le chevet de son lit
» et supprimé par un valet qui m'est tout dévoué.
» Nos projets y sont mis à nu, et si nous laissons
» à cette intrigue le temps de s'ébruiter, nous au-
» rons beaucoup fait pour n'arriver à rien. »

Oui, oui, j'avais raison; il me faudra parler
A Guise.
SUÉNON.
Cette lettre a de quoi vous troubler.
CHRISTINE.
Il est vrai; car peut-être elle sera suivie
De la décision du reste de ma vie.
SUÉNON.
Je n'avais qu'un espoir, et je m'en vois priver.
CHRISTINE.
Vous n'en souffrirez rien, quoi qu'il puisse
                                    [arriver.
SUÉNON.
Quoi qu'il puisse arriver et quoi que je redoute,
Puisqu'au trône l'hymen va vous rendre sans
                                    [doute,
J'engage de nouveau pour moi, pour tous les
                                    [miens,
Nos voix et notre nom, notre sang et nos biens,
A vous, mais à vous seule.

Il sort après avoir salué.

SCENE V.

CHRISTINE, *suivant des yeux Suénon, va jusqu'à la table et sonne.* MÉRULA, LANDINI,
dans le fond.

Les femmes de service, parmi lesquelles est Marianne.

CHRISTINE, *suivant Suénon des yeux.*
Il souffre, mais il m'aime.
A ses femmes, qui ont paru au coup de sonnette.
Je rentre.
MÉRULA, *bas à Landini, lui montrant Marianne.*
La voilà.
CHRISTINE, *pensive et rentrant lentement.*
Lui... m'aime-t-il de même?
Suénon... il suivrait mes ordres absolus...
Mais... non... Monaldeschi doit m'aimer enco r
                                    [plus;
Oui, sans doute, il le doit... Je ne suis pas heu-
                                    [reuse...!
Elle rentre avec ses femmes.

SCENE VI.

LANDINI, MÉRULA, *entrant dans le salon après
avoir laissé leur arquebuse en dehors.*

LANDINI, *entrant avec précaution et fermant la
porte et les croisées du fond.*
Voici l'instant fatal.
MÉRULA, *agité.*
Rencontre désastreuse!
LANDINI.
Pour rentrer chez son père il faut que par ici
Marianne passe.
MÉRULA.
Enfer! damnation!
LANDINI, *éteignant les flambeaux.*
Voici
Qui mieux que ces habits nous sert et nous dé-
                                    [guise.
MÉRULA.
Guise m'a reconnu...!
LANDINI.
Que parles-tu de Guise?
MÉRULA.
Eh! ne l'as-tu pas vu, de son regard perçant,
Deux fois sous cet habit m'observer en passant?
Il m'a reconnu.
LANDINI.
Lui... d'où peux-tu le connaître?
MÉRULA.
Eh! de Naples un jour ne fut-il pas le maître?
LANDINI.
Ah! oui! ce jour fameux où, par lui révolté,
Le peuple aux Espagnols reprit sa liberté.
MÉRULA.
C'est alors... je ne sais quelle belle furie
A moi me prit aussi de servir la patrie;

Je fis le généreux... et j'allai comme un fou
Tuer vingt Espagnols dont je n'eus pas un sou.
LANDINI.
Quelle partie !
MÉRULA.
Oui, Guise alors la perdit belle.
Mais, trahi par la France, il s'enfuit en rebelle ;
Et moi, pour tout l'honneur que je m'étais acquis,
Tout bas je gagnai Rome, où, grâces au marquis...
LANDINI, *hésitant et secouant la tête.*
Diable !
MÉRULA.
As-tu peur ?
LANDINI, *hésitant.*
Non ; mais c'est une peccadille,
Après ces grands exploits, d'enlever une fille.
Puis...
MÉRULA.
Hein !
LANDINI.
Quand pour la gloire on expose ses jours,
Passe... mais...
MÉRULA.
Hein !
LANDINI.
Je dis...
MÉRULA.
Ce que tu dis toujours
Est d'un lâche et d'un sot ; écoute, voici l'ordre.
LANDINI.
L'infâme enragé ! rien ne l'en fera démordre.
MÉRULA.
A travers la forêt le carrosse conduit
Avec Marianne ici doit rentrer cette nuit.
LANDINI.
C'est l'ordre du marquis.
MÉRULA.
Mais au coin de la route
Où notre homme, demain, interrogé, sans doute,
Dira qu'il nous a vus passer, et qu'au grand trot
Nous allions vers Paris... moi, je reste.
LANDINI.
Ah ! c'est trop,
Et moi, je...
MÉRULA.
Toi, dont rien n'a trahi la figure,
Tu ramèneras seul Marianne et la voiture.
LANDINI.
A travers la forêt, seul, je n'en ferai rien ;
Non.
MÉRULA.
Si...
LANDINI.
Non...
MÉRULA.
Aussi sûr que je suis bon chrétien,
Qu'aucun sbire d'Espagne ou brave d'Italie
Ne tient de son poignard la lame aussi polie ;
Aussi vrai qu'il n'est pas au monde un bras humain
Qui puisse par la force en désarmer ma main,
Tu le feras !...

LANDINI, *à part.*
L'infâme...
MÉRULA.
Eh ! mais je te conseille
De te plaindre. Et sais-tu, moi, qu'il faut que je
[veille
Souvent toute la nuit pour venir recevoir
Les ordres du marquis, sans qu'on puisse me voir ;
Courant par tous les temps, en tous lieux, à toute
[heure,
Et changeant tous les jours de nom et de de-
[meure ?
De Paris, ce matin, à pied je suis venu.
Enfer !... Et maintenant me voilà reconnu.
Mais j'y pense en effet...
A part.
Oui, la retraite est sûre.
A Landini.
Dis au marquis pourquoi je prends cette mesure.
Demain je lui ferai dire au juste où je suis.
A part.
Le tour sera plaisant pour l'ermite.
LANDINI.
Poursuis.
Fais-moi pendre.
MÉRULA.
Eh ! pleureur, le trépas te délivre
Du tourment de trembler.
LANDINI.
Je veux trembler et vivre,
Et vivre longuement.
MÉRULA.
Eh ! tu devrais rougir...
Mais je l'entends.
LANDINI.
Jésus !
MÉRULA.
Allons, il faut agir.
Il tire le mouchoir, le masque.
J'ai le mouchoir, le masque... et toi...
LANDINI, *montrant chaque objet à mesure qu'on les nomme.*
J'ai la lanterne.
MÉRULA.
La clef de la porte ?
LANDINI.
Oui.
MÉRULA.
Celle de la poterne ?
LANDINI.
Oui...
MÉRULA.
Vite en place.
Mérula se colle à la porte de la reine, et Landini se met près de celle du fond.

SCENE VII.

MÉRULA, *le mouchoir et le masque à la main;* **LANDINI**, *les deux clefs à sa ceinture, et la lanterne sourde cachée;* **MARIANNE**, *un bougeoir à la main.*

MARIANNE, *entrant.*

Ah ! c'est éteint... il est bien tard;
Mon père m'en voudra d'un aussi long retard.

Elle vient jusqu'à la cheminée et regarde.

Dix heures...

Elle va pour sortir; Mérula, par derrière, lui jette le mouchoir sur le visage et le masque par-dessus, et le noue. Il la remet à Landini, qui lui prend les deux mains et qui lui remet une clef et la lanterne.

MÉRULA.

Tiens-la bien, je vais ouvrir la porte.

Il va à la porte de gauche.

LANDINI.

Comme elle se débat !

MÉRULA, *avec colère.*

Que le diable t'emporte !...

L'autre clef.

LANDINI.

La voilà !... j'ai peine à la tenir.

Landini, pour remettre à Mérula la clef, quitte une des mains de Marianne, de façon qu'il donne la clef à Mérula de la main gauche, et tient Marianne de la main droite.

MARIANNE, *qui avec sa main libre a presque arraché son masque.*

Au secours !...

MÉRULA, *s'élançant de la porte, le poignard à la main.*

Enfer !...

LANDINI, *l'arrêtant, et enveloppant Marianne tout entière de son manteau.*

Grâce !...

MÉRULA, *avec une espèce de rugissement.*

Hom !... tâchons d'en finir.

Il lui donne la clef.

Ouvre.

LANDINI, *qui a été ouvrir en tremblant.*

C'est fait.

MÉRULA, *avec mépris et colère, et jetant Marianne enveloppée sur son épaule.*

Allons, pour les soins qu'elle cause
Au marquis, puis à nous, c'est, ma foi, peu de chose.

Ils sortent par la porte de gauche.

SCÈNE VIII.

CLAIRET, *au bras de Simon, l'air silencieux et observant tout d'un air moqueur, cassé de corps et la tête agitée;* **SIMON**, *simplement vêtu, portant une petite lanterne.*

CLAIRET, *sur la porte.*

Voilà comment se fait le service.

SIMON, *dont Clairet a quitté le bras, au fond.*

Où sont donc
Les gardes d'intérieur ?

CLAIRET.

Tout est à l'abandon.
De ce jeune étourneau fêtant la bienvenue,
Leurs officiers là-bas boivent sans retenue.
Les soldats font comme eux.

SIMON.

Vous faites bien, ma foi !
De venir au-devant de Marianne.

CLAIRET.

Pourquoi ?

SIMON.

Il lui faut pour rentrer passer devant la porte
Où tous ces officiers s'enivrent.

CLAIRET.

Eh ! qu'importe ?

SIMON.

Ils ont tant bu ! le vin conduit on ne sait où.

CLAIRET, *aigrement.*

Aucun vin n'en peut rendre aucun d'eux assez fou
Pour qu'il ose d'un mot, d'un geste ou bien d'un [signe
S'adresser à ma fille.

SIMON.

Oui, certes.

CLAIRET.

Je m'indigne
Lorsque je vous vois tous sans colère essuyer
Leurs airs, et ceux surtout de ce grand écuyer.

SIMON.

Monseigneur le marquis... lui ?

CLAIRET.

Grand-écuyer, te dis-je.

A part.

Monseigneur le marquis ! ces noms ont un prestige.

Avec colère, à Simon.

Baron, comte, marquis ! ces noms sont donc bien [beaux?

SIMON.

Pardon, monsieur Clairet.

CLAIRET, *avec humeur.*

Rallume ces flambeaux.

A part, pendant que Simon allume les bougies éteintes.

Et ma Marianne aussi... j'ai compris sa tristesse,
Quand sans la regarder il passe avec vitesse;
Puis, s'il lui vient parler, son heureux embarras...
Un Monaldeschi... non...

A Simon.

Toi, tu l'épouseras.

SIMON.

Je crains que bien long-temps mon attente ne dure.
Je suis si peu de chose !

CLAIRET.

Oui, certes, ta roture
Est d'étage à ne pas te laisser espérer
Qu'un maître bien servi daignera te titrer.
C'est ce que je veux.

SIMON.

Quoi ! vous...

CLAIRET.

Un marquis, un comte,

Crois-moi, ce soir, ici, j'en aurais à bon compte;
Je sens le riche, ils ont bon nez.
SIMON.
Mais je n'ai rien.
CLAIRET.
Toi, Simon... roturier... vilain... homme de bien.
SIMON, *avec un peu d'affectation.*
Mais de la reine, enfin, je suis le secrétaire.
CLAIRET, *vivement.*
Ah! oui, tu sais écrire; eh bien, sache te taire,
Insolent!
SIMON.
Mais, monsieur...
CLAIRET.
Tu dois être ravi
De ton savoir profond... cela t'a bien servi!
A ton âge j'avais les secrets d'un empire.
Je voudrais être roi... moi, si j'avais su lire.
SIMON.
Mais, cela m'a servi plus que je ne voulais.
CLAIRET.
Comment?
SIMON.
Je sais trop bien ce qu'on fait aux palais.
Grâce aux facilités que votre emploi vous donne,
Il ne part du château des lettres de personne
Que vous ne les ouvriez.
CLAIRET.
Que t'importe?
SIMON.
Et c'est moi
Qui les lis... on apprend beaucoup dans cet emploi;
Et des gens quelquefois ne veulent pas qu'on sache,
Et vous rendent discrets.
CLAIRET.
Silence, et fais ta tâche.
Ce n'est pas un service à te rendre si fier.
Cent autres l'auraient fait... mais pour celui d'hier,
Il est tel qu'il m'engage à te faire mon gendre.
SIMON.
C'est?
CLAIRET. [prendre
Pour m'avoir trouvé l'homme qui peut m'ap-
En quel endroit secret de ses appartemens
Le marquis a caché ses riches diamans,
Dont ses lettres souvent parlent en confidence.
SIMON.
Nous n'apprenons plus rien par sa correspondance.
CLAIRET.
Il trame quelque chose, et, certe il doit avoir
Quelques courriers secrets.
SIMON.
Ah! s'il a pu savoir
Que ses lettres...
CLAIRET.
Comment veux-tu qu'il nous le prouve?
Mais ma fille est à toi si l'ouvrier retrouve
L'endroit des diamans.
SIMON.
Écoutez; Dieu merci,
On vient de ce côté: sans doute la voici...

SCENE IX.

CLAIRET, *sur le devant;* SIMON, *en face de la porte de la reine;* FANCHON, *entrant précipitamment.*

FANCHON, *avec force.*
Holà! quelqu'un!...
CLAIRET, *allant à Fanchon.*
Fanchon.
FANCHON.
Ah! c'est vous.
CLAIRET.
Qui t'amène?
FANCHON.
Mais, l'officier de garde?
CLAIRET.
Il boit ou se promène.
Mais qu'as-tu? que veux-tu?
FANCHON.
Dans un horrible état
J'ai laissé la reine.
SIMON.
Où donc?
FANCHON.
Elle se débat
Avec d'affreux sanglots; puis, changeant de pensée,
Dans ses appartemens court comme une insensée.
CLAIRET.
Quel malheur? quel motif?
FANCHON.
Je ne puis concevoir;
Je ne sais... des papiers...
A part.
Qui l'aurait pu prévoir?
A Clairet.
Mais vous...
CLAIRET.
Je viens chercher ma fille.
FANCHON.
Elle est rentrée.
CLAIRET.
Par où? je ne l'ai point en venant rencontrée.
SIMON.
Peut-être elle aura pris les guichets.
CLAIRET.
Oui, va... cours,
Va... j'entre chez la reine.

SCENE X.

CHRISTINE, *en désordre, des papiers à la main;*
CLAIRET, FANCHON.

CHRISTINE, *d'abord dans la coulisse.*
Au secours!... au secours!...
CLAIRET, FANCHON, *courant à elle.*
Madame...

CHRISTINE, *appuyée sur eux et se traînant vers la fenêtre.*
Ouvre... de l'air... cette fenêtre.

Elle tombe dans un fauteuil qu'approche Clairet.

O rage !
Oh ! j'étouffe...

FANCHON.
Madame...

CHRISTINE, *avec des mouvemens convulsifs et des sanglots.*
Ah !

CLAIRET.
Reprenez courage.

CHRISTINE, *dans une sorte de délire.*
Ils m'ont assassinée...

Elle tombe sur les bras de Fanchon, presque accablée, et sanglotte.

FANCHON.
Elle pleure.

CHRISTINE, *avec douleur.*
O forfait !
Pour me traiter ainsi, que leur ai-je donc fait ?

CLAIRET, *cherchant à la calmer.*
Eh, madame.

CHRISTINE, *revenant à elle, et voyant Clairet.*
Ah ! c'est toi... toi, Clairet; viens, brave homme;
Viens, mon seul serviteur; on t'accuse, on te nomme
Dans cet infâme écrit... qui n'ont-ils pas nommé ?

CLAIRET.
On m'accuse.

CHRISTINE.
Oui... oui... toi... lui... tout ce que j'aimai...
Et Suénon aussi.

CLAIRET, *à part.*
Dieu ! sa douleur s'oublie.
Sortez, Fanchon, sortez.

~~~~~~~~~~~~~~~~~~~

SCENE XI.
CLAIRET, CHRISTINE.

CHRISTINE.
Vois comme on m'humilie.
Juge, en voyant combien ce cœur fut outragé,
Si jamais son affront peut être trop vengé.

CLAIRET.
Quel affront ?

CHRISTINE, *froissant les papiers avec rage.*
Noble prix de tant de sacrifices !
« Inhabile à jeter des grâces sur des vices,
Coquette sans amour, cruelle en mes humeurs,
J'ai le cœur faux... je suis une femme sans mœurs, »
Ils l'ont écrit.

CLAIRET.
Qui donc ?

CHRISTINE.
Je ne suis qu'une femme;
Mais le nom de l'auteur de cet écrit infâme,
Et je veux que son sang par moi-même épuisé
Me venge.

CLAIRET.
Mais ce nom ?

CHRISTINE, *se levant impétueusement.*
Quel pouvoir j'ai brisé,
Et qu'aux seuls souverains la vengeance est facile !
Fatale ambition d'une gloire imbécile !
Femme folle qui crus devenir un héros !
J'étais reine... j'avais des juges, des bourreaux !

CLAIRET.
Ah ! ce nom seul vous manque.

CHRISTINE.
Eh bien ! tranche mes doutes.

CLAIRET.
Moi ?

CHRISTINE.
Toi, qui de l'enfer démêlerais les routes.
Tu sauras... oui... tiens, lis...

Elle lui donne les papiers.

CLAIRET, *avec embarras et humeur.*
Eh ! madame sait bien
Que jamais je n'ai su...

CHRISTINE.
Vous ne servez à rien;
S'il fallait de quelqu'un me faire la satire,
Vous seriez prêt.

CLAIRET.
Madame...

CHRISTINE.
Allez.

CLAIRET.
Je me retire;
Je laisse à de plus fins à chercher ce secret :
Je sens mon impuissance à vous servir.

CHRISTINE.
Clairet,
Tu ne peut m'en vouloir... je suis si malheureuse !

CLAIRET.
Mais cette lettre enfin...

CHRISTINE.
Cette lettre est affreuse !...
Si l'enfer à mes pas eût attaché Satan,
Sur mes tristes erreurs ils n'en sauraient pas tant.

CLAIRET.
De ce crime un ami serait donc seul capable ?

CHRISTINE.
Oui, j'ai bien dû l'aimer pour qu'il soit si coupable;
Assez pour qu'à prix d'or je le paye son nom.

CLAIRET.
Vous le saurez.

CHRISTINE.
Comment.

CLAIRET.
Donnez... avec Simon
Bientôt dans cet écrit...

CHRISTINE.
Simon !... qu'oses-tu dire ?
Moi-même jusqu'au bout j'ai tremblé de le lire.

CLAIRET.
Alors il faut attendre, et peut-être un hasard !...

CHRISTINE.
Attendre encore, attendre, ah ! c'est déjà trop tard;
Car le lâche déjà triomphe; il compte l'heure,

Et se dit maintenant : Elle souffre, elle pleure ;
Et je pleure et je souffre, et tu ne me dis rien.
CLAIRET.
Donnez donc cet écrit, voilà le vrai moyen ;
La main qui fait le mal dans son œuvre s'imprime,
Et le nom du coupable est toujours dans son crime.
Donnez.
CHRISTINE.
En le lisant tu peux donc m'assurer
De m'en dire l'auteur ?
CLAIRET.
Oui, j'ose le jurer.
Donnez.
CHRISTINE.
Mais ne fais point d'incertaines épreuves.
Songe que du forfait il me faudra des preuves ;
Que je veux être juste, et réfléchis encor
Qu'en te payant ce nom par un titre et de l'or,
Il faut que ma vengeance aussi paie ma honte.
CLAIRET.
Comment ?
CHRISTINE.
Dis-moi ce nom. Demain je te fais comte.
CLAIRET.
Demain je serai comte ?
CHRISTINE.
Ou je te punirai
Si tu mens.
CLAIRET.
Donnez donc.
CHRISTINE.
Accepte, et je lirai.
CLAIRET.
Vous !... Mais si l'auteur est de ceux à qui les
[femmes
Pardonnent aisément les torts les plus infâmes ?
CHRISTINE.
O ciel !
CLAIRET.
Vous vous tairez ?
CHRISTINE.
Non.
CLAIRET.
Vous parleriez ?
CHRISTINE.
Non,
Je te promets sa mort.
CLAIRET.
Je vous promets son nom.
Lisez.
Christine va s'asseoir près de la table où sont les flambeaux.
Clairet reste debout à côté d'elle.
CHRISINE, *lisant.*
« Christine, un homme de cœur, indigné de te
» voir prostituer la royauté à de sales intrigues,
» veut bien te donner un dernier avertissement...
» tu veux remonter au trône de Suède. »
Eh bien ! l'affaire à peine est-elle ourdie ;
Qui la sait ?

CLAIRET.
Guise... moi... le jeune La Gardie.
A part.
Nos courriers sont trois fois après l'heure arrivés.
A Christine.
Ce n'est pas Suénon, ni Guise... Poursuivez.
CHRISTINE, *lisant.*
« Christine ne sait-elle plus quels souvenirs elle
» a laissés en Suède ? Pense-t-elle que tous les
» témoins de ces fêtes nocturnes, où présidait la
» débauche, soient morts comme le comte Magnus
» de La Gardie ? ou réserve-t-elle à son fils Suénon
» l'héritage de son amour et le poison de Landini ? »
C'est toi qui le servis.
CLAIRET.
Mais il le fit.
A part.
Le traître
En s'en vantant aura séduit son nouveau maître.
CHRISTINE, *lisant d'une voix qui s'éteint par
degrés.*
« Lequel de ses nombreux amans Christine
» compte-t-elle choisir pour commander l'armée
» qui doit la ramener à Stockolm ? sera-ce... Bel-
» lender, Shumlack, Guise, Monaldeschi ? »
Hélas !
CLAIRET.
J'entends à peine, et vous lisez si bas !
CHRISTINE.
Ah ! je meurs...
CLAIRET, *approchant.*
Qu'avez-vous ?
CHRISTINE.
Ne me regarde pas.
CLAIRET.
Courage !
CHRISTINE, *avec résolution.*
Écoute donc.
Lisant.
« Paiera-t-elle son armée avec ce million de
» piastres qu'elle a emprunté à Rotterdam au juif
» Winter, et pour lequel elle a donné en nantis-
» sement des diamans dont plus de la moitié sont
» faux ? »
Bas et lâche mensonge !
CLAIRET.
Arrêtez !...
CHRISTINE.
La stupeur où ce crime te plonge
M'épouvante.
CLAIRET.
Peut-être ils disent vrai.
CHRISTINE.
Jamais,
Jamais...
CLAIRET.
Oui, oui, deux jours, pendant que je traitais,
Il les garda...
CHRISTINE.
Comment ?

CLAIRET.
Oui, c'est lui ! quelle joie !
O volupté d'enfer ! je tiens enfin ma proie !...
CHRISTINE, *se levant et courant à lui.*
Quel est-il ? Parle, eh bien ! j'ai promis son trépas...
CLAIRET.
Non... non, madame... non, vous ne le saurez pas.
Ce nom, c'est tout mon bien, c'est mon sang, c'est
[ma vie.
Vous le saurez, ce nom qui vous fait tant d'envie,
Demain... quand la victime enchaînée à loisir...
Je vous laisse aujourd'hui son supplice à choisir.
CHRISTINE.
Ce nom...
CLAIRET.
Demain...
CHRISTINE.
Ce nom dans ton rire farouche,
Clairet, en traits de sang est écrit sur ta bouche.
Lui !
CLAIRET.
Vous n'en savez rien.
CHRISTINE.
Lui...
CLAIRET.
Ne l'accusez pas.
A part.
Il ne faut pas qu'il puisse échapper au trépas.

~~~~~~

SCÈNE XII.

SIMON, *entrant comme un fou;* SUÉNON, *le suivant;* CHRISTINE, CLAIRET, QUELQUES GARDES.

SIMON, *dans la coulisse.*
Monsieur Clairet, monsieur...
CLAIRET.
Quel bruit !
CHRISTINE.
Quelle insolence !
SIMON.
Monsieur Clairet...
CLAIRET.
Plus bas.
CHRISTINE.
Cet homme est en démence.
SIMON.
Votre fille...
CLAIRET.
Ma fille...
SIMON.
On vient de l'enlever.
TOUS.
Dieu !
SIMON.
Dans tout le château je n'ai pu la trouver,
Et j'ai su que ce soir à la petite grille
Deux gardes, un carrosse... et qu'une jeune fille...
SUÉNON.
Les gardes sont absens.
CHRISTINE.
Dans ce salon, eh quoi !
Qui commande ce soir le service ?
SUÉNON.
C'est moi :
Mais j'engage ma vie à retrouver le lâche...

CHRISTINE.
Veiller était, monsieur, votre première tâche.
SUÉNON, *à la petite porte.*
O bonheur ! le hasard leur a fait oublier
Cette clef.
CLAIRET, *se réveillant soudainement de son accablement et courant vers la porte.*
Cette clef... ce secret escalier...
CHRISTINE, *à part.*
Ce secret escalier... je frémis d'épouvante.
CLAIRET, *qui s'est approché de Christine avec un regard terrible.*
A qui l'ouvrez-vous donc, qu'il veuille une servante ?
CHRISTINE.
Clairet, de grâce...
CLAIRET.
Eh bien ?
CHRISTINE.
Clairet, parle plus bas.
Que veux-tu ?
CLAIRET.
Moi je veux...
Bas.
Vous rêvez le trépas
De l'auteur d'un écrit qui vous perd... ma vengeance
Pour ma fille n'a pas une moindre exigence.
CHRISTINE.
Tu veux du sang ?
CLAIRET.
Du sang... pour moi comme pour vous.
Frappez, vous dont le rang absoudra tous les coups.
CHRISTINE.
Je sais déjà le nom de l'une des victimes.
CLAIRET.
Peut-être bien ce nom doit répondre aux deux cri-
CHRISTINE. [mes.
Les preuves...
CLAIRET.
A minuit, demain.
CHRISTINE.
Où donc ?
CLAIRET.
Ici.
CHRISTINE.
Minuit.
CLAIRET.
Je serai prêt si vous l'êtes aussi.
CHRISTINE.
Ma vengeance attendra jusque là pour la tienne.
CLAIRET.
Rappelez-vous Magnus avant qu'il s'en souvienne.
CHRISTINE.
A demain.
CLAIRET.
Oui.
Christine sort.
SUÉNON, *qui veut sortir par la porte secrète avec les gardes pour chercher Marianne.*
Venez.
CLAIRET.
Non, je prendrai ce soin.
Suénon veut lui donner la clef.
Gardez la clef, peut-être en aurez-vous besoin.

ACTE DEUXIÈME.

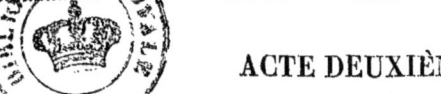

Le théâtre représente un laboratoire ; au fond, un escalier tournant ; à droite de l'escalier, une petite porte masquée ; à gauche sur le côté, une porte basse. A gauche de l'escalier, assez près du plafond, un soupirail par où vient le jour, qui est très-faible. A droite, et un peu en avant, une table de marbre en pente et assez basse, avec un drap au pied. A gauche, une forge portative éteinte, quelques siéges, une lampe au plafond. Landini est endormi sur la table. Monaldeschi entre par la porte cachée, qu'il referme avec soin.

SCENE PREMIERE.
MONALDESCHI, LANDINI.

MONALDESCHI, *des papiers à la main.*
Landini... Landini... paresseux détestable ;
Le misérable, il dort... il dort sur cette table
Où cent fois teint de sang, un scalpel dans les mains,
Il dissèque en secret des cadavres humains,
Sans que la peur des morts trouble sa conscience ;
Lâche, que rend hardi l'amour de sa science !
M'a-t-il fait cette clef ? quel imprudent oubli !
Dans un sommeil de fer il reste enseveli.
Landini...
    LANDINI, *s'éveillant en sursaut.*
      Grâce ! grâce !
        MONALDESCHI.
      Eh ! réponds ..
    LANDINI, *maléveillé et avec terreur.*
          C'est mon maître...
Ce crime, c'est lui seul qui me l'a fait commettre.
        MONALDESCHI.
Misérable !
        LANDINI.
    Ah ! c'est vous.
        MONALDESCHI.
           Qu'as-tu dit ?
        LANDINI.
                Ah ! mon Dieu,
Je rêvais que Clairet m'accusait en ce lieu.
        MONALDESCHI.
Et toi tu m'accusais...
        LANDINI.
          C'est un horrible songe.
On n'a pas en rêvant l'esprit libre au mensonge.
Pardonnez.
        MONALDESCHI.
    C'est assez... cette clef ?
    LANDINI, *prend une clef sur la forge et l'essuie avec soin.*
          La voici.
Regardez comme au scel le fer s'est bien noirci.
On ne dirait jamais que c'est une clef neuve.
        MONALDESCHI.
C'est bien ; l'autre pouvait devenir une preuve.
        LANDINI.
Quoi ?
        MONALDESCHI.
    Christine à minuit m'attend secrètement.
Malade tout le jour dans son appartement,
Guise pour son congé sans doute l'aura vue.
Clairet, prêt à partir, a pris son entrevue.
Enfin je reste seul.
        LANDINI.
      La nuit vient, et c'est vous...
        MONALDESCHI.
Oui, toute ma fortune est en ce rendez-vous ;
Et j'allais le manquer pour une clef perdue,
Quand cette clef sans doute à Christine rendue
Lui prouve clairement qu'on a dû s'en servir
Pour enlever Marianne.
        LANDINI.
      Elle est belle à ravir,
Mais c'est risquer beaucoup pour passer un caprice.
        MONALDESCHI.
Oui, maudit soit ce jour s'il faut que je périsse !
Car c'est perdre la vie à l'heure du bonheur ;
A peine elle a seize ans.
        LANDINI.
      C'est ce qui, monseigneur,
Vous fait trop oublier quel danger vous menace.
        MONALDESCHI.
Le danger, c'est le fuir qu'y montrer tant d'audace.
J'ai mis la reine au point qu'il lui faut décider
De renoncer au trône ou de me l'accorder.
        LANDINI.
Le but est excellent ; mais la route l'est-elle ?
        MONALDESCHI.
Dans son appartement, vois, Christine m'appelle ;
L'écrit a frappé juste. Elle a déjà quitté
Gènes, Rome, où le peuple, en secret excité,
De quolibets grossiers poursuivait sa conduite.
Par Cromwell sèchement d'Angleterre éconduite,
Elle est venue en France, où, dès le premier jour,
Un accueil glacial l'éloigna de la cour.
Au blâme, qui partout la poursuit et la juge,
Le mariage enfin devient son seul refuge,
Surtout grâce à l'écrit dont j'ai su la frapper.
En remontant au trône y veut-elle échapper ?
Mazarin dans ce but lui prêtera son aide ;
Mais Mazarin par moi veut régner en Suède.
Point d'hymen, point de trône.
        LANDINI.
          Elle vous fera roi ;
Mais Marianne, à quoi bon l'enlever... vous ?
        MONALDESCHI.
              A quoi ?
Pour écarter Clairet : cet hymen qu'il condamne

Le perd ; mais maintenant qu'il court après Ma-Mazarin à Paris la lui fera chercher [rianne, Assez long-temps.

LANDINI.
Là-haut n'entends-je pas marcher ?
Est-ce Marianne ?

MONALDESCHI.
Eh ! non, car elle est enfermée
Dans mon oratoire.

LANDINI, *montant à demi l'escalier.*
Ah ! c'est une troupe armée...
Des soldats... Micheli les mène par ici.

SCENE II.

CHARNACÉ, MONALDESCHI, LANDINI, MICHELI.

MONALDESCHI.
Des soldats...

MICHELI, *du haut de l'escalier.*
Vous voulez monseigneur, le voici.

MONALDESCHI.
Charnacé.

CHARNACÉ, *ivre pendant toute cette scène.*
Du bas de l'escalier.
Que la porte en haut soit occupée,
Ou je vous fais goûter du plat de mon épée.
Il s'approche.
Il est pour les buveurs un dieu qui les conduit.
Je vous cherchais tous deux dans ce joli réduit.

MONALDESCHI.
Nous ?

CHARNACÉ.
Oui, vous, pour mon compte.

LANDINI.
Et moi ?

CHARNACÉ.
Toi, pour t'apprendre,
Maraud, que chez la reine il faut vite te rendre.

LANDINI.
Moi ?

CHARNACÉ.
Toi, je t'ai d'abord reconnu sur l'honneur,
Le lieu, l'habit, et puis cet air d'empoisonneur.

LANDINI.
Mais, monsieur...

CHARNACÉ.
Ta magie au moins est-elle bonne ?
J'en veux faire juger nos bonnets en Sorbonne ;
Ils ont goût aux sorciers, et pour nous régaler,
Ils sont assez galans pour te faire brûler ;
Je suis homme à manquer pour toi la comédie,
Et ta danse aux fagots sera fort applaudie.

MONALDESCHI, *avec impatience.*
Baron, vous me cherchiez ?

CHARNACÉ.
Oui, certes.

MONALDESCHI.
Dans quel but ?

CHARNACÉ.
Le voici.
Il prend Landini au collet et le pousse au fond du théâtre.
Reste-là, bâtard de Belzébut,
Et sois sourd, ou j'irai te couper les oreilles,
Et tu ne pourrais guère en ravoir de pareilles.

MONALDESCHI, *avec plus d'impatience.*
Baron, je vous attends.

CHARNACÉ.
Je viens... voici le fait.
D'abord la reine a tort de crier au forfait...
Mouvement de surprise de Monaldeschi.

LANDINI, *au fond, qui écoute.*
O ciel !

CHARNACÉ.
A Landini.   A Monaldeschi.
Qu'est-ce que c'est ?... Moi, d'abord, je vous [aime,
Parce que c'est très-bien, et j'aurais fait de même

MONALDESCHI.
Baron, qu'ai-je donc fait qui puisse me valoir
Un suffrage si cher ?

CHARNACÉ.
Là ! peut-on en vouloir
A quelqu'un de trouver une fille jolie.

MONALDESCHI.
Baron...

LANDINI, *toujours dans le fond.*
Je suis pendu.

CHARNACÉ, *à Landini.*
Plaît-il ?

LANDINI, *dans le fond, à part.*
Quelle folie !
Nous sommes pris.

CHARNACÉ, *allant à lui.*
Tais-toi.

LANDINI.
Mon Dieu !

CHARNACÉ, *tirant sa dague.*
Te tairas-tu ?
Car ton chapeau fût-il mille fois plus pointu,
La dague que voici l'est encor davantage.

MONALDESCHI.
A Landini.   A Charnacé.
Silence... Eh bien, baron ?

CHARNACÉ, *revenant.*
Comme j'ai l'avantage
De savoir ce château sur le bout de mon doigt,
Et que Guise à la reine a parlé comme il doit...

MONALDESCHI.
Le duc est donc resté, baron ?

CHARNACÉ.
Eh ! oui, sans doute,

MONALDESCHI.
Mais ce soir pour Paris il doit se mettre en route.

CHARNACÉ.
Non, car j'en ai reçu là-haut cet ordre écrit.

MONALDESCHI.
Quoi! vous ! et qu'est-ce donc que cet ordre prescrit?

CHARNACÉ.
A Landini.
Ferme les yeux, coquin.
A Monaldeschi, en lui passant le papier, tandis qu'il regarde Landini.
Lisez sans qu'il le voie.
A Landini.
Sois aveugle, ou, vrai Dieu, d'ici je te renvoie
Dans l'enfer, d'où jamais tu n'aurais dû sortir.

Monaldeschi lit. Jeu de scène entre Landini et Charnacé pendant ce temps.

« Le baron de Charnacé prendra sur-le-champ
» le commandement du château de Fontaine-
» bleau, et placera des sentinelles à toutes les
» portes extérieures, et jusqu'à nouvel ordre n'en
» laissera sortir personne sans un laissez-passer
» de la reine.
» Par ordre de la reine,
» Duc de Guise. »

MONALDESCHI, *reculant vers Landini, tandis que Charnacé redescend le théâtre.*
Elle sait tout.
CHARNACÉ.
J'ai cru devoir vous avertir.
MONALDESCHI, *à demi-voix, à Landini...*
Tu m'as trahi ; c'est toi.
CHARNACÉ, *riant.*
Lui... cette vieille face ?
MONALDESCHI, *avec humeur.*
Baron...
CHARNACÉ, *riant.*
Ah ! j'en mourrai.
MONALDESCHI.
Mais...
CHARNACÉ.
Croyez-vous qu'il fasse
Bon effet à genoux disant son madrigal ?
MONALDESCHI.
Laissez cet homme.
CHARNACÉ.
Oh non, ça ne m'est plus égal ;
J'ai cru que cet enfant, qu'en bon goût on re-
[nomme,
S'était fait enlever par quelque gentilhomme,
Et j'aurais essayé de le sauver.
LANDINI.
Voilà.
CHARNACÉ.
Mais puisque c'est ce drôle...
MONALDESCHI.
Eh ! baron, est-ce là
Un séducteur ? sachons plutôt qui l'on soupçonne.
CHARNACÉ.
Tout le monde, à peu près.
MONALDESCHI.
Par conséquent, personne.
Pourquoi donc est-ce à moi que vous vous adressez ?
CHARNACÉ.
Peut-être au ravisseur vous vous intéressez,

Car tous les gens d'ici sont vos compatriotes,
Et je croirais manquer aux bons soins de mes hôtes,
Et surtout aux bons vins qu'ils m'ont fait essayer,
Si je ne tentais pas tout pour les en payer.
MONALDESCHI.
Eh ! comment les servir ?
CHARNACÉ.
Mais, le diable m'emporte !
Ce caveau sur le bois doit avoir une porte.
Du château lentement je vais faire le tour.
Je ne mets pas de garde au pied de cette tour.
MONALDESCHI.
Sans doute, c'est fort bien.
CHARNACÉ.
Cela veut dire une heure.
A part.
La nuit vient... D'ici là qu'il s'en aille ou demeure,
Je m'en lave les mains.
LANDINI, *bas, à part.*
Nous en profiterons.
CHARNACÉ.
Au Marquis.   *A Landini.*
Adieu, marquis... Adieu, chien, nous t'y repren-
[drons.
Au Marquis, en sortant, et du milieu de l'escalier.
J'aurais été charmé de voir pendre ce drôle ;
A Landini.
Mais le fagot nous reste, et je t'y garde un rôle.

~~~~~~~~~~~~~~~~~~~~~~~~~~~~~~

SCÈNE III.
LANDINI, MONALDESCHI.

LANDINI.
Sur mon cou de la corde il a passé le bout.
Je ne l'oublierai pas.
MONALDESCHI.
Les soupçons sont debout ;
Ils courent ; Landini, détournons-en la trace.
Quoique de Mérula le départ m'embarrasse,
Je suis sûr...
LANDINI.
Mais comment ?
MONALDESCHI, *se parlant à lui-même.*
Ah ! pourquoi dans mon cœur,
Marianne, ton amour n'est-il pas tout vainqueur !
Je pourrais être heureux... et peut-être je cède
A quelque autre moins fou le trône de Suède.
Enfin, mon choix n'a plus long-temps à balancer ;
Suivons donc ma fortune où j'osai la lancer ;
Et, selon l'avenir, sachons, quoi qu'il arrive,
Atteindre après l'orage ou l'une ou l'autre rive ;
Le trône avec Christine... avec toi le bonheur.
J'y puis périr aussi... Landini.
LANDINI.
Monseigneur ?
MONALDESCHI.
Au vu de tous mes gens sors du laboratoire ;
Fermes-en l'escalier ; va dans mon oratoire

Par les appartemens, puis reviens en ce lieu
Par le couloir secret que cache mon prie-Dieu.
Amène ici Marianne.
LANDINI.
Il suffit.

Il sort par la porte dérobée du fond.

SCENE IV.

MONALDESCHI, seul.

O fortune !
Fallait-il, saisissant toute chance opportune,
Subir de tes faveurs l'implacable désir ;
Me vendre tout entier au soin de te saisir :
User, sans autre amour, autre idée, autre envie,
Chaque jour, chaque nuit de dix ans de ma vie ;
Atteindre enfin le but, et, presque triomphant,
M'arrêter pour répondre aux regards d'un enfant !
Oh ! Marianne ! Marianne !

Il prend des papiers qu'il a déposés sur une table.

Au moins, de la prudence.

Il lève un panneau du parquet, il en tire une boîte de fer garnie en or, après avoir levé un ressort.

Mettons là ces papiers, cette correspondance ;
Et si, comme il le doit, Mazarin est discret,
Ceci de nos projets assure le secret
Contre toute recherche.

Il met les papiers dans la boîte, et en tire un écrin, qu'il considère avec attention.

Avec le prix immense
De tous ces diamans, fruit d'un jour de démence
Où j'osai de l'honneur briser le dernier frein,
J'achèterais les fiefs d'un prince souverain !
Le plus riche seigneur de toute l'Italie ;
Marianne, mon épouse ; oui, ma vie embellie
Par Marianne, et bientôt avec elle, avec moi,
Des enfans qu'attendrait l'héritage d'un roi !...
D'un roi ! j'aurais de l'or, de l'or au lieu d'un trône.
Non, non, vous brillerez autour d'une couronne.
Colifichets de roi, vous parerez mon front ;
Votre éclat souverain en masquera l'affront.
On vient.

Il jette les diamans dans la boîte, la referme et remet tout à sa place.

SCENE V.

MONALDESCHI, MARIANNE, LANDINI.

LANDINI, *conduisant Marianne doucement par la main.*
Descendez là, n'ayez aucune crainte.
Venez.
MONALDESCHI.
Que de douleur sur ses traits est empreinte !

Il s'approche, prend la main de Marianne, et dit vite et bas à Landini :

Toi, reprends ce chemin et cours à ton devoir ;
Reviens me dire ici ce que tu pourras voir.

Landini sort par la porte dérobée, qu'il ferme.

SCENE VI.

MARIANNE, MONALDESCHI.

MONALDESCHI.
Marianne !
MARIANNE, *dégageant sa main.*
Hélas !
MONALDESCHI.
Eh quoi ! Marianne me repousse !
Ne cache pas ton front, où ta grâce est si douce.
Jadis, hier encor, tu l'as dit, tu m'aimais...
Tu pleures maintenant ?
MARIANNE.
Maintenant ou jamais
Je dois pleurer... Faut-il pour pleurer que j'at-
[tende
Que mon père expiré dans la tombe descende,
Et ne doit-on des pleurs qu'à la perte des jours ?
MONALDESCHI.
Quoi ! Marianne me hait !
MARIANNE.
Non, je t'aime toujours.
Voilà ce qui me rend comme toi criminelle.
MONALDESCHI.
Mais bientôt les liens d'une chaîne éternelle
Te rendront innocente.
MARIANNE.
Un hymen entre nous ?
Hier j'ai pu le croire, hélas !
MONALDESCHI.
A tes genoux
Hier je l'ai juré... je te le jure encore.
MARIANNE.
Oh ! détourne tes yeux, ton regard me dévore.
Ne brûle pas mes mains de tes baisers de feu.
MONALDESCHI.
Ange, de mon pardon j'attends encor l'aveu.
MARIANNE.
Ah ! tais-toi ; car mon ame, où le remords s'oublie,
Au gré de tes accens se console et se plie.
Où tu me l'as monté j'ai cherché le bonheur ;
Ah ! que ne m'as-tu dit qu'il était dans l'honneur !
Il est à t'adorer, et surtout à te plaire.
MARIANNE.
Monaldeschi, sais-tu quel sera mon salaire,
Quel bonheur maintenant il m'est permis d'avoir ?
Après mon déshonneur, après le désespoir
Qui tuera mon vieux père et m'en fera maudire,
Viendra ton abandon.
MONALDESCHI.
Ange, qu'oses-tu dire ?
MARIANNE.
Oui, oui... ton abandon, qui me fera mourir.
MONALDESCHI.
Tu connais donc le mal qui fait le plus souffrir,

Tu sais de nos douleurs cette douleur extrême,
D'aimer et de se voir moins aimé que l'on n'aime?
Ne souffrirais-tu pas si je doutais de toi?
MARIANNE.
De moi?
MONALDESCHI.
Crains-tu toujours?
MARIANNE.
Non, mais reste avec moi;
Viens, ne me laisse pas seule en proie à moi-même.
En vain je m'encourage en me disant: Il m'aime;
Je ne sais quel soupçon, quel effroi, quel remord,
Tant d'exemples d'amour, d'abandon et de mort,
Tant de crimes, et puis mon père et ses alarmes,
Un père en cheveux blancs et seul avec ses larmes;
Tout cela dans mon cœur tourne mille poignards.
Mais ici tout se perd dans un de tes regards,
Tout remords est éteint, toute crainte est absente;
Je t'aime, je te vois, je me sens innocente.
MONALDESCHI.
Tu fuirais donc la France et ton père aujourd'hui?
MARIANNE.
J'ai mis plus que l'exil entre sa fille et lui.
MONALDESCHI.
Tu me suivras partout, quelque chose qu'il faille?
MARIANNE.
Si je ne te suis pas, où veux-tu donc que j'aille?
MONALDESCHI.
Que le ciel donc me serve ou m'écrase à présent.
Dieu saint! je n'aurais pas une goutte de sang
Digne de faire battre un cœur de gentilhomme,
Si pour ces titres vains où sa faveur me nomme,
Pour ceux où l'avenir mêle celui de roi,
Je balançais encore entre Christine et toi.
MARIANNE.
Christine... qu'as-tu dit?
MONALDESCHI.
Oui, sa fierté jalouse...
MARIANNE.
Jalouse, et de quoi donc?
MONALDESCHI.
Tu seras mon épouse;
Cela doit être, ou bien je laisse à l'avenir
Le nom d'un lâche.
MARIANNE.
O ciel! j'entends quelqu'un venir.
MONALDESCHI.
Demeure et ne crains rien, car mon nom te protége.

~~~~~~

SCENE VII.

MARIANNE, MONALDESCHI, LANDINI,
pâle, abattu et profondément préoccupé; il descend par l'escalier.

MONALDESCHI.
Landini, quoi de neuf? parle.
LANDINI.
Que vous dirai-je?
Rien, s'il faut se fier au dehors des discours;
Beaucoup, si je sais bien juger le train des cours;
Beaucoup trop en effet, si ma mémoire est bonne.
MARIANNE.
Mon père?
LANDINI, *retombant dans ses réflexions.*
Il est parti. Quoi! la même personne
Qui semble ne pouvoir jamais se maîtriser,
Se déguise à ce point!
MONALDESCHI.
En quoi se déguiser?
Parles-tu de Christine?
LANDINI.
Oui, monseigneur; la reine.
Ses femmes étaient là, souriant et sereine,
M'a dit qu'elle venait travailler avec moi
Ce soir.
MONALDESCHI.
Pour te troubler jusqu'à ce point, en quoi
Cet ordre est-il étrange? elle chérit l'étude;
Tu l'as reçu cent fois.
LANDINI.
Oui, j'en ai l'habitude.
Cent fois je l'ai reçu; mais une seule fois
Avant ce jour, avec ce geste et cette voix.
MONALDESCHI.
Et quel fut donc ce jour de sinistre présage?
LANDINI.
Oui, c'était bien cet air, ce geste, ce visage,
La veille de ce jour où Magnus...
MONALDESCHI.
Malheureux!
C'est un affreux soupçon.
LANDINI.
Ce fut un crime affreux.
Je connais les poisons, et l'heure et la minute
De leurs effets; j'ai vu, lorsque l'homme dispute
Sa vie aux sûrs progrès de leurs feux dévorans,
Se tordre et se raidir ses membres expirans.
Mais empêche le ciel que jamais je revoie
Un jeune homme mourant parmi des cris de joie,
Surpris par le poison dans les plaisirs d'un bal!
Poison sûr et sans trace, et qui, doux et fatal,
Endort notre raison dans l'erreur d'un beau songe,
Et pare d'avenir la mort où l'on se plonge.
Christine vient pourtant.
MONALDESCHI.
Rappelle ta raison.
LANDINI.
Ne craignez rien. Je sais où cacher le poison.
Le voilà.
Il va pour le prendre sur la table.
MONALDESCHI, *l'arrêtant.*
Laisse là tes souvenirs horribles.
LANDINI.
Ah! pardon... j'ai passé des momens si terribles!
Eh bien!
MONALDESCHI.
Nous nous perdons par le moindre retard.
LANDINI.
Qu'avez-vous décidé?
MONALDESCHI.
Tu le sauras plus tard.

Veille sur l'escalier, de peur qu'on nous surprenne;
Va.

Landini va sur l'escalier, et s'arrête en haut.

A Marianne.

Marianne, il faut fuir les regards de la reine.

MARIANNE.
Je suis prête à te suivre.

MONALDESCHI.
Oui, mais il faut partir,
Tandis que du château l'on peut encor sortir.

MARIANNE.
Eh bien! partons.

MONALDESCHI.
Marianne, arme-toi de courage,
Il faudrait partir seule.

MARIANNE, *avec un cri.*
Ah !

MONALDESCHI.
Cet effroi m'outrage.
Marianne, que crains-tu ?

MARIANNE.
Moi... moi... je ne crains rien.
Je l'avais deviné, je te le disais bien.

MONALDESCHI.
Ah! c'est trop me punir; car tu viens de m'apprendre
Que l'amour le plus vrai se fait le moins comprendre
Si près de ce bonheur de ne plus séparer
Tous nos jours... plus je mets de soins à l'assurer,
Plus on m'accuse.

MARIANNE.
Épargne un effroi qui m'opprime.
Ah! dès qu'on est coupable, on voit partout un crime.

MONALDESCHI.
Il est à Saint-Aubin un ermite ignoré,
Qui, loin de son couvent, y vit seul retiré;
Mon nom te suffira pour t'ouvrir sa demeure,
Et pour y parvenir il faut à peine une heure.
De l'ermitage ici tu connais le chemin,
Vas-y ; je t'y joindrai dès ce soir, et demain,
Quand j'aurai disposé mes trésors et ma fuite
Contre tous les dangers d'une longue poursuite,
Nous fuirons, nous irons dans mon noble pays,
Heureux ensemble.

MARIANNE.
Ensemble!

MONALDESCHI.
A jamais.

MARIANNE.
J'obéis;
Mais pense que pour moi ta présence est la vie.

MONALDESCHI.
Je serais infidèle au seul bien que j'envie,
En tardant un instant.

Ils marchent vers la porte de gauche, lorsqu'on entend frapper.

A travers la porte.
Arrête, qui va là?

MÉRULA; *en dehors.*
Ouvrez.

MONALDESCHI, *à Landini, qui descend.*
Silence !

MARIANNE.
O ciel !

MÉRULA, *en dehors.*
Ouvrez!

LANDINI, *qui s'est rapproché pour écouter.*
C'est Mérula!

MONALDESCHI.
Mérula... vite, ouvrons.

SCENE VIII.

MARIANNE, MONALDESCHI, MÉRULA, *en habit d'ermite.*

Landini remonte l'escalier, après un ou deux vers, sur un geste de Monaldeschi.

MONALDESCHI, *à Mérula.*
C'est le ciel qui t'envoie.

MÉRULA.
Oui, le ciel ; c'est bien dit, car je suis dans sa voie.

MONALDESCHI.
Quel est donc cet habit?

MÉRULA.
Hier c'était celui
De l'ermite, et, vrai Dieu, c'est le mien aujourd'hui.

MONALDESCHI.
L'aurais-tu maltraité ?

MÉRULA.
Monseigneur, je suppose
Que je connais mes gens; mais de peur qu'il ne
Deux ou trois nœuds... [cause,

MONALDESCHI.
Quoi?

MÉRULA.
Mais un soin plus important
M'amène; savez-vous quel danger vous attend?
Clairet...

MARIANNE.
Mon père!

MONALDESCHI.
Eh bien !

MÉRULA.
A trouvé notre trace.

MARIANNE, *se précipitant vers la porte.*
Ah! sauvez-moi, fuyons, je n'aurai point de grâce.
Il me tuerait ici ; fuyons.

MÉRULA.
Ne sortez pas,
Car c'est par là qu'il vient ici.

MARIANNE, *revenant lentement.*
Que mon trépas
Serve donc, ô mon Dieu, pour expier ma faute.

MONALDESCHI.
Songe au temps précieux que ta douleur nous ôte;
Calme-toi... viens, Marianne.

MARIANNE.
Hélas !

MONALDESCHI, *à Mérula.*
Achève enfin.

MÉRULA.
Quand on paie un mensonge, on croit être bien fin;

Mais des meilleurs calculs le moindre esprit se joue.
Avons-nous fait mentir la trace de la roue?
MONALDESCHI.
Mais cet homme posté pour détourner...
MÉRULA.
A pris
Deux ou trois sots valets qui courent vers Paris;
Il ne s'agissait pas pour ceux-là de leur fille.
Mais Clairet, à pied, seul, est parti de la grille;
Et, l'œil avec fureur sur la terre attaché,
Sur la trace récente il a toujours marché.
Nous croyions tout prévu; car, loin des routes vraies,
Nous avions traversé des taillis et des haies,
Quitté, repris le bois et fait mille détours;
Acharné sur la trace, il a marché toujours.
MONALDESCHI.
Il vient.
MARIANNE.
Il vient ici!
MÉRULA.
C'est l'enfer qui le mène.
Il donne à ce vieillard sa force plus qu'humaine;
Car certe aucun de nous ne pourrait achever
Cette route.
MARIANNE.
En quel lieu va-t-il me retrouver!
MÉRULA.
Eh! mais il ne faut pas ici qu'il vous retrouve.
MONALDESCHI.
Viens donc, mettons un terme à l'état que j'éprouve.

Il tire son épée et prend Marianne par la main.

A Mérula.

Suis-moi, prends ton poignard... sortons.
MARIANNE.
Ah! laissez-moi,
J'aime mieux qu'il me tue.
MÉRULA.
Arrêtez.
MONALDESCHI.
Sauve-toi.
Ton père vient.
MARIANNE
Il vient, et ton épée est nue;
Serai-je au parricide aussitôt parvenue?
MONALDESCHI.
Viens.
MARIANNE.
Jamais.
MÉRULA.
Arrêtez. Dans votre appartement
Pouvez-vous la cacher une heure seulement?
MONALDESCHI.
Je l'espère.
MÉRULA.
Allez donc, et je réponds du reste.
J'irai seul au-devant de Clairet.
MARIANNE, *s'élançant vers lui.*
Jour funeste!
Tu ne sortiras pas.
MÉRULA.
Retenez cet enfant.

MARIANNE.
Monaldeschi!
MONALDESCHI, *à Mérula.*
Reviens.
MÉRULA.
Monseigneur le défend.
Que Dieu le sauve donc!
MONALDESCHI.
Malheur!
LANDINI, *descendant précipitamment.*
J'entends la reine.
TOUS.
Dieu!
LANDINI, *bas à Mérula.*
Nous sommes pendus, pour peu que l'on nous
[prenne.
MÉRULA, *s'enveloppant de son capuchon.*
On ne pend pas les gens qui portent mon habit.
MARIANNE, *se pressant près de Monaldeschi.*
C'en est fait!
MONALDESCHI.
C'est la mort.
MÉRULA, *vivement.*
A ce moyen subit
Voulez-vous vous fier?
MONALDESCHI.
Parle.
MÉRULA.
Ce lieu m'inspire.
MONALDESCHI.
Parle donc.
MÉRULA, *à Marianne, en la conduisant vers la table de marbre.*
Jeune fille...
MONALDESCHI.
A peine elle respire.
MÉRULA.
Asseyez-vous là.
MARIANNE.
Là?
MÉRULA.
Couchez-vous doucement.
MARIANNE, *se plaçant sur la table.*
Ah! mon Dieu!
MONALDESCHI.
Que fais-tu?
MÉRULA, *la recouvrant du drap qui est au pied de la table.*
Restez sans mouvement!

A Monaldeschi.

Allez jusqu'à la porte, et recevez Christine.

A Landini.

Et toi, tremble en dedans.
LANDINI.
Suffit.
MÉRULA, *se mettant à genoux.*
Bonté divine!
Des moines que jadis j'arrêtais sur les monts
Pour rançon bien souvent j'ai reçu des sermons;

Rappelle-moi, grand Dieu, leurs saintes patenô-
[tres.
MÉRULA.
Jouer un rôle saint!
MÉRULA.
J'en ai joué bien d'autres.

SCENE IX.

MARIANNE, *couchée sur la table de marbre*, MÉ-
RULA, *en prières à côté d'elle*, MONALDES-
CHI, CHRISTINE, LANDINI, *à côté de la
table qui est à gauche*.

CHRISTINE, *au bas de l'escalier*.
Quoi! vous ici, marquis?
MONALDESCHI.
Vous vous en étonnez?
CHRISTINE, *s'avançant*.
Les ordres que ce soir à monsieur j'ai donnés
Ne vous regardaient pas.
MONALDESCHI.
J'apprends votre visite,
A l'instant, de hasard, et je me félicite
Du bonheur qu'il me vaut.
CHRISTINE.
Ah! vous êtes heureux.
A part.
Le crime est donc tranquille, et son espoir affreux.
C'est mourir, que subir son attente fatale.
*Elle marche vers Mérula, qui se lève et se place devant
elle.*
MÉRULA.
Dans le palais des rois, c'est un affreux scandale.
CHRISTINE.
Que fait cet homme ici? que veut-il, et pourquoi,
Sous ce voile...
MÉRULA.
Christine est-elle devant moi?
CHRISTINE.
Christine. Oui, je suis... ou plutôt je fus reine.
MÉRULA.
Ma fille, permettez qu'un vieillard vous reprenne.
On outrage en ce lieu le Ciel à tout moment.
CHRISTINE.
Dieu seul juge les rois... vienne son jugement,
Je l'attends.
MÉRULA.
Vous avez des serviteurs infâmes.
CHRISTINE.
Je ne me charge pas du salut de leurs ames.
L'un d'eux ose surtout, pour un art de l'enfer,
Troubler la paix des morts, interroger la chair,
Et souiller ce palais de pratiques impies.
CHRISTINE, *avec impatience*.
Landini, c'est ton crime, il faut que tu l'expies.
Écoute ce sermon.
MÉRULA.
Non... non, ce réprouvé
M'a refusé ce corps à l'église enlevé,
Pour en faire à Satan une offrande profane.
CHRISTINE.
Ne craignez pas que Dieu pour cela le condamne.
MÉRULA.
Alors donc, par ses mains c'est vous qui l'outragez.
CHRISTINE.
Mon père, allez ailleurs porter vos préjugés.
MONALDESCHI, *doucement*.
Pourquoi ne pas céder aux vœux de cet ermite?
CHRISTINE, *avec amertume*.
Vous me parlez, monsieur, vous me parlez?
MONALDESCHI.
J'irrite
Votre courroux.
CHRISTINE.
Non... non, vous disiez...
MONALDESCHI.
Je pensais
Que c'est pour ce vieillard un important succès,
Et que, quoiqu'à ses vœux toute raison s'oppose,
Pour ce qu'il en attend c'est céder peu de chose.
CHRISTINE, *vivement et l'entraînant près de la
table*.
Peu de chose, marquis?... Certes, ce corps glacé,
Où le cœur ne bat plus, où la vie a cessé,
Où rien ne reste, enfin, de ce qui fait une ame,
Ce corps froid et flétri que la terre réclame,
Dont l'aspect pèse au cœur et dégoûte les yeux,
Certes, c'est peu de chose, et pourtant il vaut mieux
Que tel homme, vivant d'une coupable vie,
Pensant, mais dans une ame à tout vice asservie,
Lâche sous sa noblesse et vil sous sa beauté;
Qui dans un cœur qui bat n'a plus de loyauté;
Et qui souille à ce point son existence infâme
De vendre les secrets qui perdent une femme.
MONALDESCHI, *à voix basse*.
Je ne suis pas ici le seul qui vous entends,
Prenez garde.
CHRISTINE.
Eh pourquoi? dites, depuis quel temps
Dois-je à mes serviteurs apprendre en confidence
Que je sais châtier l'insulte et l'impudence?
MONALDESCHI, *à voix basse*.
Des serviteurs, alors je ne crains rien pour moi.
CHRISTINE.
Tous sont mes serviteurs qui vivent sous ma loi.
MONALDESCHI, *à voix basse*.
Et voilà cependant le sort qu'on se prépare
Quand dans un lâche amour la vanité s'égare.
CHRISTINE.
Oui, marquis, cet amour est une lâcheté,
Qui du rang où l'on est souille la dignité.
MONALDESCHI, *à voix basse*.
Quand on craint de son rang la dignité blessée,
On ne sait pas qu'ailleurs elle est plus haut placée.
Oui, oui, celui-là seul s'est vraiment oublié,
Serviteur favori dont l'amour est lié [donne,
Par d'autres soins que ceux que l'amour seul or-
Qui pour des torts d'emploi trouve un cœur qui
[pardonne,
Mais qui pour son amour, où rien n'est de moitié,
Sur le pied de valet peut être châtié.

CHRIRTINE.
Et s'il a lâchement mérité sa disgrâce?
MONALDESCHI, *à voix basse.*
Sa disgrâce? en effet le mot est à sa place,
Et quelque affreux qu'il soit, il dit tout mon mal-
[heur.
J'ai donc mon rang à perdre, et non pas votre
[cœur.
Ah! vienne ma maîtresse injuste et mon égale,
Sur un mot, un soupçon, sur une erreur fatale,
M'accuser sans raison, me frapper sans remord,
J'aimerai cet amour qui s'arroge ma mort;
Mais j'aurai ma disgrâce... oh! royale indulgence!
Oui, malheur à l'amant indigne de vengeance
A qui l'orgueil mesure un juste châtiment!
CHRISTINE.
Ou mon orgueil nourrit un grand ressentiment,
Ou je vous aime plus que votre cœur n'espère.
MONALDESCHI, *élevant la voix.*
Voilà donc où tendait cette fière colère.
Christine veut ma mort.
CHRISTINE.
Marquis...
MONALDESCHI.
Vous la voulez,
Madame.
CHRISTINE.
Prenez garde au ton dont vous parlez;
Vous oubliez aussi que l'on peut vous entendre.
MONALDESCHI.
Pourquoi taire l'honneur qu'il vous en faut pré-
[tendre?
Christine veut ma mort, et je ne pense pas
Qu'elle ait traîtreusement arrangé mon trépas.
Le monde doit savoir sa royale sentence.
CHRISTINE, *bas.*
Malheur, malheur à toi pour ta folle jactance;
Tu seras donc jugé, puisque tu l'as voulu.
MONALDESCHI.
Peut-être... où sont vos droits?
CHRISTINE.
Mon pouvoir absolu.
MONALDESCHI.
Vos juges?
CHRISTINE.
J'en ferai.
MONALDESCHI.
Vos preuves?
CHRISTINE.
J'en espère.
A Mérula.
Il n'y manquera rien; vous resterez, mon père.
A Monaldeschi.
Tout sera juste, grâce à ton zèle infini;
Tu pourras te défendre, et tu seras puni.
MONALDESCHI.
Eh bien! j'accepte donc vos juges, votre prêtre,
Vos bourreaux, mon arrêt... je l'accepte, et peut-
Christine me dira quel crime j'ai commis. [être
CHRISTINE.
Quel crime!

MONALDESCHI.
Est-ce son nom que, moi, j'ai compromis?
CHRISTINE.
Tais-toi, traître!
MONALDESCHI.
A quoi donc? est-ce aux lois du royaume?
CHRISTINE.
Tu perds...
MONALDESCHI.
Perdrai-je donc plus que les jours d'un homme?
Même à minuit...
CHRISTINE.
Tais-toi, tais-toi donc, malheureux;
Ton trépas est certain; il pourrait être affreux.
MONALDESCHI.
Certain... il est certain comme l'obéissance
Que je commande seul, et fait votre puissance.
CHRISTINE.
Si c'est ton espoir, qu'on décide entre nous.
Viens.
MONALDESCHI.
Je les attendrai.
CHRISTINE.
Viens.
MONALDESCHI.
Que n'y courez-vous?
Christine doit avoir des bourreaux à demeure.
CHRISTINE, *sortant.*
Mon père, assistez-le; vous n'avez qu'un quart
[d'heure.
MONALDESCHI.
Un quart d'heure, c'est trop.
MÉRULA.
Pas trop, pour avoir fui.
Christine va pour sortir, et s'arrête en voyant entrer Clairet par la porte du bois, harassé de fatigue.

SCENE X.

LES MÊMES, CLAIRET.

TOUS.
Mort!
MONALDESCHI.
Malheur!
CHRISTINE, *rentrant rapidement.*
C'est Clairet et ton crime avec lui.
Mérula se jette avec Landini devant la table où est Marianne, tire son poignard et en appuie le manche sur elle.
CLAIRET, *entrant abattu et en désordre, un bâton à la main.*
Elle est ici!
CHRISTINE.
Clairet!...
CLAIRET.
Elle est ici!
CHRISTINE.
La preuve!
La preuve du forfait! réponds.
MONALDESCHI.
Horrible épreuve!

CLAIRET.
Ma fille est au château, vous savez, d'où j'attends
Ma vengeance...
CHRISTINE.
Eh bien donc! tu l'attendras long-temps,
Si la mienne à l'instant ne m'est pas assurée.
CLAIRET.
Gardez mieux ce secret.
CHRISTINE.
Garde ta foi jurée.
Parle!
CLAIRET.
Quoi! devant lui!
CHRISTINE.
Devant mille témoins.
CLAIRET.
Il sait donc...
CHRISTINE.
Il sait tout, et n'en mourra pas moins.
MONALDESCHI.
Ce n'est plus pour minuit.
CHRISTINE.
C'est pour une heure telle
Qu'elle sera pour toi plus triste et plus mortelle;
Tes juges m'y viendront épargner un remord,
Et, mourant, tu mourras dégradé par ta mort.
MONALDESCHI.
A mon accusateur, je devine mes juges.
CLAIRET.
Monseigneur, je pourrais par de vains subterfuges
M'excuser sur ce mot : qu'il me faut obéir ;
Mais je vous tiens trop bien pour vouloir vous
[trahir.
Vous perdre fut le but de toutes mes pensées.
Jugez-en : lorsqu'hier mes douleurs insensées
Demandaient à grands cris la mort du ravisseur,
De vous atteindre encor j'espérais la douceur.
Oui, si ma fille à vous s'était prostituée,
De mes mains, à vos yeux, moi, je l'aurais tuée.
Vous m'avez fait vouloir la mort de mon enfant!
Mais un autre forfait, dont rien ne vous défend,
Me laisse au seul malheur de me la voir ravie,
Car pour deux offensés vous n'avez qu'une vie.
Aussi, sans m'enquérir si c'est un autre ou vous,
Du jour que je le puis, je vous porte mes coups
Et vous accuse.
MONALDESCHI.
Moi!
CLAIRET.
Vous, d'un crime, et j'engage
Ma tête à le prouver.
MONALDESCHI.
Jadis, c'était un gage ;
Mais le bon sens, je vois, commence à s'y troubler.
CLAIRET.
Il m'en reste du moins de quoi vous rappeler
Qu'une boîte d'acier ici vous fut vendue;
Sous des ornemens d'or la serrure est perdue.
MONALDESCHI, à part.
O ciel!
CLAIRET.
M'a-t-on trompé quand on m'a fait payer
La mienne cent louis?

MONALDESCHI.
Me faut-il essuyer,
Madame, plus long-temps cet interrogatoire?
CHRISTINE.
Et cette boîte?
CLAIRET.
Elle est dans ce laboratoire,
Sous ce parquet, facile à soulever sans bruit ;
Gardant ces diamans que, jusqu'à cette nuit,
Je crus un don de vous.
MONALDESCHI, à part.
Dieu!
MÉRULA, qui s'est approché, montrant son poignard et à voix basse.
Monseigneur!
MONALDESCHI, de même.
Arrête!
Reste.
CLAIRET.
Eh bien! monseigneur, ai-je perdu la tête?
Voulez-vous à l'instant que j'en fasse l'essai?
CHRISTINE, avec intention, à Clairet.
N'allons pas plus avant après ce que je sai :
C'est pour un jugement, et je veux qu'on en use
De façon qu'on ne puisse y soupçonner de ruse.
A Monaldeschi.
C'est devant vos égaux, seigneurs de ma maison,
Qu'on prendra ces témoins de votre trahison.
MONALDESCHI, à part.
Je puis compter sur eux.
Haut.
Vous le voulez, madame ;
J'accepte donc l'affront de ce procès infâme.
CHRISTINE.
Votre épée.
MONALDESCHI, bas à Mérula.
Et Marianne?
MÉRULA, de même.
Il les faut éloigner.
MONALDESCHI, tirant son épée et leur en présentant la pointe.
Vous avez tous les deux voulu m'assassiner!
Votre vie est à moi.
Il jette son épée.
Je suis prêt à vous suivre.
CHRISTINE, à Mérula.
Après vous... c'est à Dieu qu'à présent je le livre.
CLAIRET.
Et moi?
CHRISTINE.
J'approuverai tout ce que tu feras.
CLAIRET.
La mort du ravisseur demain...
CHRISTINE.
Quand tu voudras.
Reste.
Monaldeschi, Landini, la Reine, sortent.
CLAIRET, regardant sortir Monaldeschi.
Elle l'adorait, et c'est moi qui l'écrase.

Et voilà de quels feux une reine s'embrase,
Brisant le vil jouet dont le goût est passé.
C'est elle...
CHRISTINE *rentre rapidement.*
Je l'ai mis aux mains de Charnacé.
Les preuves maintenant... ah ! je veux voir moi-
[même !..
CLAIRET, *les lui donnant après avoir découvert la boîte d'acier.*
Les voici.
CHRISTINE, *les considérant.*
C'est bien là ce royal diadème
Qu'il osait regarder.
CLAIRET.
On vient... contenez-vous.

Il remet tout.

CHRISTINE, *à Charnacé qui entre avec des gardes.*
Placez là ces soldats.

Charnacé place des gardes extérieurement à la porte du bois.

Bien... tirez ces verroux.

Charnacé ferme la porte exactement.

CHARNACÉ.
Mais nous devons encor avoir une autre issue.

Il montre la porte secrète et place extérieurement aussi deux gardes.

C'est là...
CLAIRET.
Mes yeux jamais ne l'avaient aperçue.
Pourtant j'y vois assez pour me faire haïr.

Il montre la table.

Ici...
CHRISTINE, *l'entraînant.*
Que la mort reste, elle ne peut trahir.

Ils sortent tous ; on entend fermer la porte avec soin.

SCENE XI.

MARIANNE, *se soulevant et regardant avec terreur.*
Rien... rien... ma tête brûle et mon cœur est de
[glace.
Mon père... il me cherchait... ah ! j'étais à ma
[place,
A la place des morts ; pourquoi m'en relever ?
C'est pour souffrir... toujours souffrir... sans le
[sauver.
La mort... toujours la mort... et la preuve fatale
Est là... Dieu de pardon... Christine est ma rivale !
Et mon père... et lui-même... ah ! c'est trop de
[malheur.
Quels projets... quels discours... quelle ame que
[la leur !...
J'en ai trop entendu... qu'ils me retrouvent morte...

Avec soudaineté.

Non ! non ! pour le sauver, c'est toi qui me rends
[forte,
Mon Dieu, j'ai tant souffert... ma douleur t'a
[touché,
Et la douleur te plaît comme à nous le péché.
Mon Dieu ! je l'aimais tant... je suis si jeune en-
[core !
Ce n'est pas mon salut... c'est le sien que j'im-
[plore.
Oui, mon père l'a dit ; c'est là.

Elle se met à genoux, et cherche à ouvrir le panneau dans lequel est la boîte.

Là... Je ne puis ;
O mon Dieu, laisse-moi sauver ses jours, et puis
Frappe-moi sans relâche et remplis ta colère.

Elle s'appuie sur la table et voit le poison que Landini a laissé.

Sois béni ; tu m'entends, j'ai déjà mon salaire.
Ce poison m'appartient... j'attends encor de toi
Les preuves du forfait pour mourir avec moi.

Elle fait de nouveaux efforts pour découvrir l'endroit où est la boîte.

ACTE TROISIEME.

Même décoration qu'au premier acte.

SCENE PREMIERE.

CHRISTINE, *assise ;* FANCHON, *au fond ;* SANTINELLI, *au fond ;* CLAIRET, *à la droite de la reine ;* MÉRULA, *à la gauche.*

CHRISTINE, *à Mérula.*
Quoi ! de son entretien vous n'avez rien appris ?
MÉRULA.
Rien, madame.
CHRISTINE, *se levant et prenant Mérula à part.*
Écoutez. Vous savez de quel prix
Je pairais un aveu qui servit ma colère.
MÉRULA.
L'église a des secrets qui n'ont point de salaire.
CHRISTINE.
C'est vous défendre mal sur un prétexte vain ;
Les rois sont saints comme elle, ils ont leur droit
[divin.

Qu'il faut sauver de même et qui doit vous ab-
[soudre.
MÉRULA.
Ces raisons à parler auraient pu me résoudre,
Mais le marquis se tait... et maintenant mes vœux
Seront-ils exaucés ?
CHRISTINE, *se parlant.*
Ainsi donc point d'aveux.
A Mérula.
N'importe, accomplissez votre œuvre méritoire.
Vous pourrez pénétrer dans le laboratoire,
Dès que les officiers nommés à cet effet
Se seront emparés des preuves du forfait.

Elle se rassied et parle à Clairet.

MÉRULA, *sur le devant de la scène, à part.*
C'est ce qu'il faudrait bien empêcher... Dieu m'é-
[crase
Si je n'y parviens pas.
CLAIRET, *à demi-voix, à la reine.*
Oui, faites table rase.
CHRISTINE, *de même.*
Tous ces Italiens partiront.
CLAIRET.
Mais d'abord
Il faudrait les charger du honteux de sa mort.
CHRISTINE.
Mais l'accepteront-ils ?
CLAIRET.
Ils sont de leur nature
Gens à tout accepter.
MÉRULA, *qui est resté à réfléchir, à part.*
Oui, tentons l'aventure.
Une fois le palais tout sens dessus dessous,
J'entre, tout est au mieux ; le marquis est absous,
Et moi, je deviens riche autant qu'homme qui vive.
CLAIRET, *à la reine.*
Attendrez-vous du roi que la réponse arrive ?
CHRISTINE.
Suénon pour Paris n'est parti qu'hier soir,
Et jusqu'à son retour je ne veux pas surseoir.
CLAIRET.
Pourquoi donc l'avertir ?
CHRISTINE.
Par respect pour moi-même.
Reconnaître ses droits de justice suprême
Partout sur ses sujets, c'est maintenir les miens
En France sur mes gens.
MÉRULA, *à part, montrant son habit.*
Dieu doit servir les siens.
Allons...
A Christine.
M'est-il permis d'aller attendre l'heure
Où je pourrai rentrer dans ma sainte demeure ?
CHRISTINE, *le congédiant du geste.*
On aura soin de vous avant votre départ.
MÉRULA, *en s'inclinant.*
Dieu m'aidant, je serai satisfait de ma part.
Il sort.

SCÈNE II.

LES MÊMES, *excepté* **MÉRULA.**

CHRISTINE, *à Clairet.*
Tu veux Santinelli, ce partisan ?
CLAIRET.
Cet homme
N'a-t-il pas ses gens ?
CHRISTINE.
Oui, mais je pense qu'à Rome
Seulement pour ma garde il se sera loué.
CLAIRET.
A quelques écus d'or s'il n'est pas dévoué,
C'est donc la probité qui chez lui se déguise.

SCÈNE III.

LES MÊMES, SIMON.

SIMON, *entrant.*
Tous les ordres signés par monseigneur de Guise
Sont remis.
CHRISTINE.
A son nom n'a-t-on pas murmuré ?
SIMON.
J'ai vu les officiers, et tous m'ont assuré
Qu'à la salle du trône ils iraient pour apprendre
Et souscrire à l'arrêt qu'il vous plaira d'y rendre.
CHRISTINE.
Ce sera pour midi.
A Clairet.
Toi, tu dois te hâter.
Elle se lève.
Écris l'ordre, Simon, que je vais te dicter.
Simon s'assied et écrit.
« Toutes les personnes qui habitent le château
» de Fontainebleau et les bâtimens qui en dépen-
» dent, laisseront entrer le capitaine Santinelli
» dans leurs chambres et logemens ; ils l'aideront
» dans la visite qu'il lui plaira d'en faire, quels
» que soient d'ailleurs leurs charges ou privi-
» léges. »
A Clairet.
Ceci doit te suffire.
CLAIRET, *tristement.*
Oui.
CHRISTINE.
Je signe, et j'espère
Que tu n'oublieras pas ce que doit être un père.
CLAIRET, *douloureusement.*
Ah ! mon heure est passée, à moi, de condamner.
Pour un autre que lui je peux lui pardonner.
La haine n'emplit pas si bien cette ame avide
Que ma fille n'y laisse un vaste et sombre vide.
CHRISTINE.
Des pleurs !...
CLAIRET.
Si vous saviez comme on aime un enfant !

CHRISTINE, *à part.*
Clairet peut les aimer... le tigre les défend.
CLAIRET, *à Simon.*
Viens, Simon, sois mon fils, si tu n'es pas mon gen-
[dre.
CHRISTINE, *remettant l'ordre écrit à Santinelli.*
Santinelli, de moi vous pouvez tout attendre
Si vous êtes fidèle.
Santinelli s'incline.   A Clairet.
Il est faux et subtil,
Prends garde.
CLAIRET.
Il me suffit.
CHRISTINE.
Allez.
Ils sortent.
A Fanchon.
Quelle heure est-il?
FANCHON.
L'horloge du château vient de sonner huit heures.
CHRISTINE, *se parlant.*
Quand la France m'ouvrit ces royales demeures,
Je ne m'attendais pas que des nuits sans sommeil,
Là, me verraient du jour attendre le réveil.
A Fanchon.
Laissez-moi.
FANCHON.
Seule?
CHRISTINE.
Seule. Il est temps que je prenne
Une heure de repos... faites comme la reine.

~~~~~~

SCENE IV.
CHRISTINE, *seule.*
Me voilà seule enfin, et je puis mesurer
Si j'atteins bien le but que je veux m'assurer.
Mon nom est à sa date inscrit dans les histoires,
Mon règne y sera lu compté par des victoires ;
Mais le trône défend la vaste ambition
De ne devoir qu'à soi la hauteur d'un grand nom,
Car un nom est facile, aidé d'une couronne.
J'ai fait battre des mains quand j'ai quitté le trône,
Et j'ai su rester grande en dehors des grandeurs.
Les rois m'ont retiré leurs hauts ambassadeurs;
Mais le monde de ceux dont la voix souveraine
Marque leur place aux rois, m'appelle encor sa reine
J'ai pris la mienne au sein des grands hommes vi-
Au-delà de mon sexe étonné les savans ;   [vans,
Des plus brillans esprits balancé la finesse,
Et nul homme ne vit, que ce monde connaisse,
Qui d'un de mes regards ne se fasse un appui!
Mais ce nom, si j'allais le risquer aujourd'hui!
Que dira l'avenir?... nous admirons Auguste,
Qui pardonne à Cinna, quoique sa mort fût juste.
La sienne l'est bien plus... Une fois condamné,
Deviendrais-je un héros pour l'avoir pardonné?
Non! je lis l'avenir, et son arrêt infâme,
Ce serait peur, amour, ou faiblesse de femme.

Mon pardon appuirait son livre accusateur;
Non! qu'il meure coupable et calomniateur.
Et pourtant j'en frémis... car à peine j'échappe
Au doute de savoir si c'est moi qui le frappe.
Serait-ce à Suénon que mon cœur obéit?
Son amour que je sers, le mien qui se trahit?
Ah! que Monaldeschi ne m'a-t-il délaissée!
Son abandon discret m'eût à peine offensée;
Un cœur de femme seul n'y voit point de pardon.
Christine est un grand homme, elle venge son nom.
Elle écoute le bruit d'une clef.
Mais qu'entends-je, et qui donc peut ouvrir cette
[porte?

~~~~~~

SCENE V.
CHRISTINE, SUÉNON, *entrant par la porte dérobée, dans le désordre d'un voyageur.*
CHRISTINE.
Vous, Suénon, déjà... par ce chemin?
SUÉNON.
J'apporte
La réponse du roi.
CHRISTINE.
Vous?
SUÉNON.
Qui m'eût arrêté?
Il y va de sa gloire et de sa sûreté,
M'a dit Mazarin.
CHRISTINE.
Lui... de moi... quelle insolence!
SUÉNON.   [lance;
Les heures me pressaient... mais je pars, je m'é-
Mon cœur battait de feu, l'air me manquait souvent;
Mais les chevaux sous moi volaient comme le vent.
J'arrivais, je venais vous épargner peut-être
Une larme, un ennui.
CHRISTINE.
Donnez donc cette lettre.
Regardant Suénon.
En quel état, grand Dieu!
SUÉNON, *prenant deux lettres dans sa poche.*
Tenez... non, celle-ci
Est pour Guise.
CHRISTINE.
La mienne.
SUÉNON.
Oui... tenez, la voici.
CHRISTINE, *après l'avoir décachetée, regarde au bas.*
Il l'a bien fait signer par le roi.
Elle lit.
Quelle audace!
Défendre ma justice... Insolent!... il menace.
SUÉNON.
Vous! qui donc?
CHRISTINE.
Ce ministre est le vrai souverain,
Cet autre Italien, le lâche Mazarin.

SUÉNON.
Et défend-il aussi l'insulte et la vengeance ?
CHRISTINE.
Ah! si je me sentais un reste d'indulgence,
Il l'aurait étouffée.
SUÉNON.
Eh bien ! livrez-moi donc
Votre justice à faire aujourd'hui comme un don,
Livrez-moi ce marquis, armés comme nous sommes,
Pour un combat loyal entre deux gentilshommes,
Et je jure sa mort aussi sûre bientôt
Que si la main de Dieu l'eût écrite là-haut.
CHRISTINE.
Non, j'ai dicté l'arrêt, il faut qu'il retentisse.
Monaldeschi mourra par ma haute justice.
Ce sont mes droits, mon rang, l'état de mon séjour,
C'est le sort de ma vie à fixer en un jour.
SUÉNON.
Placez-les donc si haut qu'on ne les puisse at-
Au trône...   [teindre;
CHRISTINE.
Vain espoir, que ceci doit éteindre!
SUÉNON.
Eh ! madame, appelez vos sujets oubliés;
Leur cœur vous vaudra mieux que tous vos alliés.
CHRISTINE.
Je les crois dévoués, mais nul plus que le vôtre.
Acceptez donc un soin alarmant pour tout autre.
Partez, et répondez à ceux de mes sujets
Qui de me rendre au trône ont conçu les projets,
Qu'au pouvoir que j'ai fait je ne suis point rebelle,
Et que ce n'est pas là que mon destin m'appelle.
SUÉNON.
Et le mien est-il donc de vous fuir ?
CHRISTINE.
Suénon !
La Suède avant vous n'a pas de plus grand nom.
SUÉNON.
Qu'importe la Suède, où vous n'êtes point reine!
CHRISTINE.
C'est la patrie encore.
SUÉNON.
Et vous ma souveraine.
CHRISTINE.
Fuyez d'où vous égare un trop vrai dévouement.
SUÉNON.
Eh ! pourquoi l'accepter jusqu'au dernier moment,
Pour m'en faire à jamais un horrible supplice ?
CHRISTINE.
Si ce malheur est vrai j'en étais la complice.
Ne pouvant y répondre il fallait l'arrêter!...
Mais je crus à ce trône où je dus remonter,
Pour offrir en retour à votre ame loyale
Les dons les plus brillans de la faveur royale,
Et s'il faut jusqu'au bout parler de bonne foi,
Pour l'amour qu'il est vrai que vous avez pour moi,
Christine vous gardait tant de gloire en partage
Que son cœur n'aurait pu vous payer davantage.
SUÉNON.
Le malheur aurait donc partout marqué mes jours?
CHRISTINE.
A ce prix, Suénon...

SUÉNON.
Oui, le malheur toujours,
Toujours, si d'un regard pour moi seul doux et
CHRISTINE.   [tendre...
Ne m'en dites pas plus que je n'en veux entendre.
Vous partirez.
SUÉNON.
Jamais.
CHRISTINE.
Je le veux.
SUÉNON, *avec amertume*.
Mon devoir
Est prononcé, je pars...
CHRISTINE.
Mais non sans me revoir.
Elle écoute avec anxiété.
Quel bruit!
SUÉNON.
N'exigez pas ce courage impossible.
Si vous saviez mes maux !
CHRISTINE.
Que n'y suis-je insensible !
SUÉNON, *avec amour*.
Christine ?
Le bruit augmente.
CHRISTINE, *écoutant*.
Ah ! qu'on vous trouve à cette heure en ce lieu,
Cette clef dans vos mains... vous me perdez.
SUÉNON.
O Dieu!
Redites-moi ces mots ?
CHRISTINE.
Dire que je vous aime...
Jamais; fuyez.
SUÉNON.
Un mot.
CHRISTINE.
Oui, l'on vient ici même;
Malheureux !
SUÉNON.
Sans regret alors je partirai.
CHRISTINE.
Rien, rien... vous savez trop que je vous reverrai.
Elle le pousse, ferme la porte avec violence.
Le démon de ma perte a rouvert cette porte.

SCENE VI.

CHRISTINE, *à gauche, appuyée sur un fauteuil;* CLAIRET, *entrant par la porte du fond;* SANTINELLI, *près de lui;* DIX SOLDATS *de Santinelli.*

CLAIRET.
On trompe ma vengeance... ô rage !
CHRISTINE.
Eh! que m'importe ?
CLAIRET.
Vous me l'avez promise.

CHRISTINE.
Eh bien! j'y penserai.
SANTINELLI.
Vos ordres ne sont plus obéis.
CHRISTINE, *impétueusement.*
Jour sacré!
A-t-il dit vrai, Clairet?
CLAIRET.
Plus qu'en toute sa vie.
CHRISTINE.
Non, l'ordre est trop précis; vous m'avez mal servie.
CLAIRET.
A tous vos officiers monsieur l'a présenté.
SANTINELLI.
Cet ordre, m'ont-ils dit, vient de sa majesté,
Mais cet ordre n'est pas fait pour des gentilshommes
Voyez chez les valets.
CHRISTINE.
Devant ce que nous sommes,
Si grands qu'ils puissent être, ils sont tous des va-
Retournez.   [lets.
CLAIRET.
Non... cette heure a changé le palais,
Et quelqu'un, à coup sûr, les pousse et les excite.
Même chez plusieurs d'eux j'ai cru voir cet ermite...
CHRISTINE.
Je te dois ta vengeance.
CLAIRET.
Assurez-vous d'abord
La vôtre.
CHRISTINE.
Ah! je la tiens.
CLAIRET.
Le marquis n'est pas mort.
CHRISTINE.
Quelques heures encor...
CLAIRET.
Et dans une il échappe.
Comprenez-vous enfin qu'il est des coups qu'on
[frappe
Dans la nuit, pour pouvoir les porter sûrement?
CHRISTINE.
A ta place, à la mienne, on punit autrement.

~~~~~~~~~~~~~~~~~~~~~~~~~~~~~~~~~~~~

SCENE VII.

Les Mêmes, GUISE, *entrant rapidement.*

GUISE.
Rassurez-vous, madame.
CHRISTINE.
Eh bien! Guise, on m'insulte.
GUISE.
Mon aspect suffira pour calmer ce tumulte.
Sur les jours du marquis je cours les rassurer.
CHRISTINE.
Vous?
GUISE.
Et dans le devoir je les ferai rentrer,
En les leur promettant.

CHRISTINE.
Mais Dieu seul est le maître
De pouvoir autrement qu'à la mort les promettre.
GUISE.
Calmez-vous; je sais trop et par quelle raison
Vous devez du marquis punir la trahison.
Mais il veut devant vous exposer sa défense,
Et vous le recevrez malgré sa grave offense.
CLAIRET, *soudainement.*
Qu'il vienne donc.
CHRISTINE.
Comment?
CLAIRET.
Qu'il vienne pour mourir.
CHRISTINE.
Ici?
GUISE.
L'assassiner?
CLAIRET.
Pourquoi, s'il doit périr?
CHRISTINE.
Pourquoi ce piége aussi que je ne puis comprendre?
CLAIRET.
La présence d'un Guise est là pour vous l'apprendre.
GUISE.
La présence d'un Guise est là pour arrêter
Les infâmes conseils qu'on ose vous dicter.
CHRISTINE.
Guise, je puis vouloir ce que l'on me conseille.
CLAIRET.
Comme au vôtre, à son nom, la révolte s'éveille.
CHRISTINE.
Ma justice partout peut s'accomplir.
GUISE.
Jamais,
Non, jamais devant moi.
CHRISTINE.
Mais, monsieur, si j'armais
Ces soldats pour la mort que mon honneur réclame,
Que pourriez-vous contre eux?
GUISE.
Je suis Guise, madame,
Petit-fils de Henri Guise le Balafré,
De même par son roi dans un piége attiré;
Pour ce même salut de justice suprême,
Par des soldats pareils assassiné de même:
La France ne peut voir deux fois ces attentats;
S'il vient, je le défends.
SANTINELLI.
Vous, contre mes soldats?
GUISE.
J'ai nom Henri de Guise, et voici son épée.
CLAIRET.
Elle le servit mal.
GUISE.
Mais elle fut trompée,
Car ils étaient cinquante, et vous n'êtes que dix.
CHRISTINE, *calmant du geste les soldats qui menacent Guise.*
Si nos aïeux nous font ce qu'ils furent jadis,
J'ai de Gustave-Adolphe appris quelque *courage*.
Guise, la mort, ce soir, vengera mon *outrage*;

Retournez donc le dire à ceux de ma maison
Qui m'ont de mes bienfaits payée en trahison.
S'ils osent devant moi lever leur voix altière,
Ils connaîtront alors Christine toute entière.
Allez.

GUISE.
Ne tentez rien au-delà de vos droits.

CHRISTINE.
Au rang où je suis née on les connaît, je crois.

GUISE.
Nul ne permet le crime, et je sens sous la cendre
D'un nom qui jusqu'à moi n'aurait pas dû descendre
Que tout ce qu'il en reste appartient au malheur.

CHRISTINE.
Dieu me garde d'avoir droit à votre valeur !
Adieu.
Guise sort.

SCÈNE VIII.

LES MÊMES, excepté GUISE.

CHRISTINE.
Santinelli !
Santinelli s'approche.

CLAIRET.
Quoi ! tout nous abandonne !

CHRISTINE, à Santinelli, à voix basse.
Tes gens ont-ils du cœur ?

SANTINELLI.
Quand le vin leur en donne,
Et que j'en puis payer.

CHRISTINE.
L'or leur plaît-il encor ?

SANTINELLI.
Quelques pintes de vin et quelques écus d'or,
Ils passeront pieds nus dans un ruisseau de laves.

CHRISTINE.
Voici pour toi, d'abord. Sont-ce là tous tes braves ?

SANTINELLI.
Là-haut dans leur quartier, il m'en reste encor vingt ;
Trente... c'est mon marché : c'est tout ce qui revint
De trois cents que j'avais conduits en Allemagne.
Je m'y suis ruiné, rien qu'en une campagne.

CHRISTINE.
Ils t'en vaudront trois cents aujourd'hui, s'ils sont

SANTINELLI.   [sûrs.
J'ai vu des temps meilleurs, j'en ai vu de plus durs.
Jadis dans le Brabant aux troupes espagnoles
Je me suis engagé, moi seul, pour deux pistoles
Et, mon marché fini, je pus aux Brabançons
Engager avec moi six cents braves garçons.
J'ai servi les Etats, le Hanovre, l'Empire,
Et je ne pense pas qu'aucun deux puisse dire
Qu'on m'a vu refuser un poste quel qu'il soit,
Lorsque fidèlement la solde se perçoit.

CHRISTINE.
Payer est mon devoir.

SANTINELLI.
Obéir est le nôtre.

CHRISTINE.
Ainsi tu frapperais...

SANTINELLI.
Le marquis ou tout autre.
Un coup d'œil suffira ; je tiens là son arrêt.

CHRISTINE.
Je t'attends donc ici.

SANTINELLI.
Je serai bientôt prêt.

CHRISTINE.
Avec tes gens.

SANTINELLI.
Je sais mon métier, je m'en flatte.

CHRISTINE, sortant.
Viens, Clairet, mes projets veulent que je me hâte.
Ils sortent.

SANTINELLI.
Enfans, il n'est plus temps de faire les muguets :
Des pierres à vos chiens... voyons si nos mousquets
Savent encor parler et porter une balle.
Allons, vive le vin !
Il fait sauter la bourse.
Et c'est moi qui régale.
Ils sortent. Le théâtre change.

SCÈNE IX.

Le théâtre représente une vaste salle avec des portes ouvrant dans le fond. A droite de l'acteur, un énorme fauteuil en trône monté sur deux marches ; une porte latérale en avant du trône. Des sièges et des bancs en face, et une porte faisant face à celle qui est près du trône. Charnacé entr'ouvre cette porte, et fait sortir Simon.

CHARNACÉ, SIMON.

CHARNACÉ, portant des pistolets.
Vois la reine, et dis-lui que jusqu'à ce moment
J'ai gardé le marquis dans son appartement ;
Mais qu'il est maintenant chez monseigneur de
Qu'elle désigne un lieu sûr, où je le conduise.   [Guise.
Dis que les officiers, pour pénétrer chez lui,
Criaient et brisaient tout quand je me suis enfui.
Que je n'en réponds plus s'ils trouvent ma retraite.
Simon sort.
Va, rentrons et tenons notre défense prête.
Mais, faut-il au marquis remettre ce papier ?
Il l'ouvre et lit.
« Croyez à Saint-Aubin. » Dans nul calendrier
Je n'ai trouvé ce saint... rien après cette ligne ;
C'est quelque avis caché... respectons ma consigne.
Il rentre un moment.

SCÈNE X.

CHARNACÉ, SUÉNON, d'abord seul.

SUÉNON, frappant à la porte.
Rien... le château, je crois, est devenu désert.

Pas un appartement d'officier n'est ouvert,
Pas un au lansquenet, pas un sur mon passage;
A Guise il faut pourtant remettre ce message.
Il va pour sortir.

CHARNACÉ, *entr'ouvrant la porte avec précaution.*
Est-ce un traître, un ami? vrai Dieu! c'est Suénon.
SUÉNON, *se retourne.*
Ah! c'est toi, Charnacé? Guise est-il chez lui?
CHARNACÉ, *près de la porte.*
Non;
Puis, on n'approche pas.
SUÉNON, *s'arrêtant.*
Ah!
CHARNACÉ.
Je crains quelque piége.
SUÉNON.
Comment?
CHARNACÉ.
L'appartement est en état de siége,
Et l'ennemi le prend, s'il m'a par trahison;
Car je suis gouverneur, chef, peuple et garnison.
SUÉNON.
Quel fou!
CHARNACÉ.
Les fous sont ceux qui, sachant leur sentence,
Pour s'enfuir du bourreau passent sous la potence.

SCÈNE XI.

LES MÊMES, *sur le devant à droite;* MÉRULA, BEMPO, DORIA, OFFICIERS, *entrant précipitamment.*

On entend une rumeur sourde pendant les dernières paroles de Charnacé.

VOIX *en dehors.*
Oui, là.
CHARNACÉ, *s'élançant vers la porte du fond.*
Je suis trahi.
SUÉNON, *passant à droite près de Charnacé.*
Que veut dire ceci?
CHARNACÉ, *revenant du fond de la scène près de Suénon.*
Le barbu les conduit.
MÉRULA, *paraissant à la porte du fond.*
C'est ici.
TOUS LES OFFICIERS.
C'est ici;
Entrons.
Ils se dirigent vers la porte devant laquelle sont Suénon et Charnacé.
CHARNACÉ.
Tout beau, messieurs, trop d'ardeur vous emporte;
Que voulez-vous?
DORIA.
Entrer.
CHARNACÉ.
Bien... je ferme la porte.

MÉRULA, *qui se tient tout-à-fait à gauche entre les officiers.*
Le marquis est là.
CHARNACÉ.
Bien.
DORIA.
Nous voulons le voir.
CHARNACÉ.
Bien.
DORIA, *avec colère.*
Et ne nous forcez pas...
CHARNACÉ.
Je ne vous force à rien.
MÉRULA, *aux officiers.*
Enlevez le marquis avant qu'on l'assassine.
SUÉNON, *s'élançant vers eux.*
L'assassiner!
TOUS.
Oui, oui.
SUÉNON.
Vous accusez...
TOUS.
Christine,
La reine.
SUÉNON.
La reine!
TOUS.
Oui.
SUÉNON, *avec fureur.*
Qui l'ose nommer?
TOUS.
Moi.
DORIA, *s'avançant.*
Moi.
SUÉNON.
Vous êtes un lâche.
CHARNACÉ.
Il l'a dit, je le crois.
DORIA, *tirant son épée.*
L'épée à la main?
SUÉNON, *avec mépris.*
Moi, pour un si bas usage!
DORIA.
En garde! ou, sur mon Dieu, je te frappe au visage.
SUÉNON, *tirant son épée.*
Doria, c'est au cœur que moi je frappe... à toi.
CHARNACÉ.
Bien porté.
TOUS.
Bien paré.
MÉRULA, *qui les suit des yeux.*
Bien, bien, pensons à moi.
Il va pour sortir.
Grand Dieu! Guise!

SCÈNE XII.

LES MÊMES, GUISE.

GUISE, *séparant Doria et Suénon.*
Messieurs... Doria... La Gardie;

Quoi ! chez moi... c'est agir d'une façon hardie.
DORIA.
Il m'a traité de lâche, et j'en aura raison.
CHARNACÉ.
C'est traître qu'il fallait.
DORIA.
Quant à la trahison,
Je l'avoue hautement.
GUISE.
Que tout ceci finisse ;
Je ne veux pas savoir ceux qu'il faut qu'on punisse.
SUÉNON.
Monseigneur, mon respect vous est connu ; voici
Le message important qui m'appelait ici,

Remettant une lettre à Guise, qui la lit.

Quand ces messieurs, hurlant comme une populace,
S'y sont précipités.
CHARNACÉ.
Ont investi la place,
Et de plus, m'ont voulu ravir mon prisonnier.
GUISE.
Ils ont été trop loin, je ne le puis nier ;
Mais je ne puis non plus blâmer leur résistance.

Se tournant vers les officiers.

Vous vouliez du marquis garantir l'existence,
Messieurs ; mais maintenant la reine, vous et moi,
Nous en répondons tous au parlement du roi.
CHARNACÉ.
Le pauvre homme !
GUISE.
Je vais la voir... vous, qu'on réprime
Des cris qui maintenant ne seraient plus qu'un
[crime.

Il sort.

SCÈNE XIII.

LES MÊMES, *excepté* GUISE.

CHARNACÉ, *aux officiers qui se retirent.*
Mon petit fort, messieurs, n'a pas été conquis.
DORIA.
Il est vrai ; rassurés sur les jours du marquis,
Nous nous retirons.
MÉRULA.
Non...

A part.

Ce n'est pas là mon compte.

Aux officiers.

Sortir parce que Guise a su vous faire un conte !
TOUS, *entourant Mérula.*
Lui ?
CHARNACÉ.
Que dit ce coquin ?
MÉRULA.
Peut-être en ce moment
Le marquis vous appelle et meurt secrètement.
DORIA.
Guise nous trahirait ?
CHARNACÉ.
Qui parle mal de Guise ?
MÉRULA.
Sous les plus nobles traits le crime se déguise.
CHARNACÉ.
Le crime sous les tiens a toute sa laideur.
MÉRULA.
Monaldeschi dans vous espérait plus d'ardeur,
Vous le laissez mourir.
TOUS.
Nous ?
SUÉNON.
Votre ministère
Est de prêcher la paix.
CHARNACÉ.
Le sien est de se taire.
TOUS.
Non, parlez.
MÉRULA.
Croyez-vous à ma parole ?
TOUS.
Oui, oui.
CHARNACÉ.
Paix !
MÉRULA.
La reine a juré son trépas aujourd'hui
Devant moi.
DORIA.
Trahison ! nous en aurons vengeance.
TOUS.
Le marquis !...
SUÉNON, *tirant son épée.*
Charnacé, balayons cette engeance.
TOUS.
Le marquis ! le marquis !
CHARNACÉ, *tirant ses pistolets.*
Venez donc le chercher.
MÉRULA.
Dieu vous voit.
CHARNACÉ, *le menaçant.*
Vieux coquin, je te ferai prêcher.
MÉRULA, *se retirant.*
C'est par mépris pour vous.
TOUS.
Place, entrons.
MÉRULA, *de même.*
Cette femme
A l'orgueil du démon.
TOUS.
Place.
MÉRULA.
C'est une infâme,
Une empoisonneuse.
TOUS.
Oui, oui.
MÉRULA, *à part.*
Ça va, Dieu merci.

Du fond du théâtre.

A bas la reine !
TOUS, *se précipitant vers Suénon et Charnacé.*
A bas Christine !

SCÈNE XIV.

CHARNACÉ, CHRISTINE, SUÉNON, CLAIRET, SIMON, DORIA, BEMPO, Officiers, DEUX Soldats *près de Christine.*

CHRISTINE, *entrant impétueusement par une porte latérale près du trône, et se plaçant entre les officiers et Charnacé.*
       La voici !
Vous nous titrez bien haut, messieurs nos gentils-
         [hommes,
Mais ce n'est pas encor là tout ce que nous sommes.
Je viens donc pour l'apprendre à ceux qui le vou-
         [dront ;
J'y viens l'épée en main et la couronne au front,
Pour qu'un signe constant ici vous avertisse
Que la reine Christine y fait grâce et justice.
Laquelle voulez-vous ?...
  BEMPO, *s'avançant poussé par les officiers.*
     Justice !
  CHRISTINE, *le regardant en face.*
        Contre qui ?
  BEMPO, *hésitant.*
On a fait arrêter hier Monaldeschi.
  CHRISTINE, *le regardant fixement.*
On a fait arrêter...
  BEMPO, *embarrassé.*
   Et, madame, on ajoute...
  CHRISTINE, *toujours les yeux attachés sur lui.*
On ajoute ?...
    BEMPO.
     On se plaint...
    CHRISTINE.
     On se plaint... Quand j'écoute,
Je veux d'abord savoir qui me parle et pourquoi.
« On a fait arrêter...» j'ai fait arrêter, moi !
« On se plaint...» qui se plaint ? vous ?
    BEMPO.
      Moi... comme les autres.
  DORIA, *élevant la voix.*
Le marquis a des droits, et ces droits sont les nôtres.
Nous voulons...
  CHRISTINE, *marchant droit à lui.*
    Un moment ! est-ce monsieur où vous
Que nos gens ont chargé de leur plainte envers nous?
J'écris bien quelquefois trois lettres en trois langues
Mais je ne saurais pas écouter deux harangues.
    DORIA.
Je parlerai donc seul... nous demandons pourquoi
Le marquis par votre ordre est prisonnier ?
    CHRISTINE.
          Eh quoi !
Vous l'ignorez ?
    DORIA.
    Autant que lui, je le suppose.
    CHRISTINE.
Vous l'ignorez ? pourquoi prenez-vous donc sa
    DORIA.   [cause ?
Pour un prétendu crime on veut le condamner.
    CHRISTINE.
Vous mentez, Doria.
    DORIA.
    Moi ?
    CHRISTINE.
       C'est assassiner,
Qu'on dit ?
    DORIA.
   Madame...
    CHRISTINE.
   Et comme il faut que tout se sache,
C'est vous qui l'avez dit.
    DORIA.
     Mais...
    CHRISTINE.
      Êtes-vous un lâche ?
Comme l'a dit aussi, monsieur, que vous n'osiez
Répéter devant moi ce que vous en disiez....
Certe, il fallait avoir bien soif de vous confondre,
Pour être descendue au point de vous répondre !
Doria, votre nom par vous déshonoré
Vous protégea chez moi quand vous êtes entré ;
Il vous protége encor ; dernier de votre race,
Le dernier par le cœur, Doria, je vous chasse.
    DORIA.
Madame !... mes amis...

  Les officiers restent interdits.

    CHRISTINE.
   Regardez-nous au front,
J'y porte une couronne, et jamais nul affront
Ne m'en fit souvenir sans l'y trouver sanglante ;
Pour la première fois Christine est indulgente.
Sortez... Santinelli.

Les portes s'ouvrent au fond, et on voit tous les soldats de Santinelli, le mousquet apprêté.

   Chassez-le du palais.

Tous les officiers se reculent de Doria.

Éloignez vos soldats.
    SANTINELLI.
   Madame...
    CHRISTINE.
       Éloignez-les.
Ceux-ci sont mes amis, mes serviteurs fidèles.

TOUS, *entourant la reine pendant qu'on entraîne Doria.*
Oui, tous.
    CHRISTINE.
   Ce qu'on refuse à des clameurs rebelles,
On le doit accorder à des cœurs dévoués.
    BEMPO.
Madame...
    CHRISTINE.
   Ainsi par vous nos actes avoués
Sont justes ?
    TOUS.
    Ils le sont.
    CHRISTINE.
      Certe, et comme je pense
Que tout vrai dévoûment mérite récompense,
J'espère voir prouver par votre jugement

Que tout forfait aussi mérite châtiment,
Car du sort du marquis je vous fais les arbitres.
TOUS.
Nous?...
CHRISTINE.
Vos titres, messieurs, ne sont pas de vains titres,
Je reconnais vos droits en maintenant ma loi,
Et garde les respects que j'exige pour moi.
Charnacé, devant nous que le marquis paraisse.
CHARNACÉ, *sortant, à part.*
Le pauvre homme! rendons le saint à son adresse,
Car c'est d'un saint, je crois, qu'il doit avoir besoin.
CHRISTINE, *à Clairet, lui montrant Bempo et deux autres officiers.*
Avec ces trois messieurs, Clairet, prenez ce soin,
Et qu'on agisse en tout d'une façon loyale.
Huissiers, faites sonner l'audience royale.

On ouvre toutes les portes. Toute la livrée et les soldats de Santinelli se groupent au fond; Christine monte sur son trône.
Debout.

Prenez place, messieurs.

Tous les officiers s'assoyent après Christine.

Messieurs, si je remets
En vos mains ce pouvoir qui ne périt jamais,
Et que le ciel aux rois donne pour leur défense,
C'est qu'il s'agit ici de mon intime offense,
Et que je ne veux pas dans un tel jugement
Me manquer par faiblesse ou par ressentiment.
C'est que du vice humain on a beau faire étude,
Le cœur reste surpris à trop d'ingratitude;
Que, lorsque la loi frappe et donne le trépas,
La main doit être calme... et je ne le suis pas.
Juges, c'est donc à vous que Christine confie
Ses droits de souverain et l'honneur de sa vie.
C'est au vôtre à juger s'il en est à servir
La reine à qui vos mains le laisseraient ravir.
Mais, avant d'exposer devant vous mon injure,
Vous en chargez-vous?
TOUS LES OFFICIERS.
Oui.
CHRISTINE, *se levant.*
Jurez-le.
TOUS, *se levant.*
Je le jure.
CHRISTINE, *debout.*
Vous acceptez mes droits sans crainte et sans re-
TOUS. [mord?
Tous, oui, tous.
CHRISTINE.
Or, ces droits sont de vie et de mort.
Soyez justes autant que l'homme en est capable,
Et ne considérez ni moi ni le coupable.

Elle se rassied, les officiers de même; Clairet entre avec la cassette de Monaldeschi, qu'il pose sur une table près de Christine.

Qu'il vienne.

Monaldeschi entre accompagné de Charnacé et de quelques gardes, et s'arrête sur le bord de la porte pendant que Clairet dépose sa cassette sur la table.

MONALDESCHI, *montrant un papier à Charnacé.*
Charnacé... voilà tout?
CHARNACÉ.
Voilà tout.
MONALDESCHI, *à part.*
C'est d'elle... il faut tenter l'affaire jusqu'au bout.
CHRISTINE, *se penchant vers lui au moment où il passe près d'elle.*
Marquis, un aveu franc, et peut-être je cède
A la pitié... Rien?
MONALDESCHI, *se détournant.*
Rien!...
CHRISTINE.
Que Dieu vous soit en aide.
Voici vos juges, donc.

Le Marquis va se placer en face de la reine.

Approchez... devant nous,
Marquis, les accusés ne parlent qu'à genoux;
Mais devant vos égaux, juges par ma puissance,
Vous parlerez debout, selon votre naissance.
Répondez.

SCENE XV.

LES MÊMES, GUISE.

GUISE, *entrant par la porte du fond.*
Arrêtez!
CHRISTINE.
Que prétend Guise ici?
GUISE, *s'approchant de la reine.*
Vous donner un conseil, madame.
CHRISTINE, *l'éloignant de la main.*
Dieu merci,
J'ai de bons conseillers, quoique je vous estime.
GUISE, *élevant la voix, et au milieu de la scène.*
C'est donc un ordre alors qu'il faudra que j'intime.
CHRISTINE.
Un ordre?
GUISE.
A vous.
TOUS, *se levant.*
Jamais.
CHRISTINE, *les calmant du geste.*
Messieurs, silence, paix.
Guise, j'attends votre ordre en ce même palais,
Où du roi vous m'avez apporté les hommages.
GUISE.
Quels qu'ils soient, vous devez respect à ses mes-
[sages.
Écoutez donc, vous tous, en ce lieu réunis,
Au nom du roi mon maître et mon seigneur, Louis,
Roi très-chrétien et roi de France et de Navarre,
Moi, Guise, duc et pair de France, je déclare
A Christine, en ce lieu présente et m'écoutant,
Que, faute de remettre en mes mains à l'instant
D'un crime quel qu'il soit tout auteur ou complice,
Pour que le roi mon maître en fasse à sa justice,
Elle encourra sa loi sans grâce ni pardon.

CHRISTINE.
Voyons l'ordre signé par Louis de Bourbon.
Elle l'examine et le jette sur la table.
Cet ordre, je l'avoue, a de quoi me confondre ;
Mais nous ne sommes plus à Stockolm pour ré-
[pondre
Comme l'exigerait notre honneur suédois.
Mais votre honneur français a dit : Fais ce que dois,
Advienne que pourra ! j'en suivrai le précepte,
Que mon frère Louis du droit des gens m'excepte ;
Qu'à ces mains qui portaient le sceptre, et qui
[parfois
Sous leur blancheur de femme ont fait plier les
[rois,
Il donne, s'il le veut, des fers : qu'il ose même
Livrer à ses bourreaux, ceinte du diadème,
La tête qui choisit son hospitalité,
Dont elle crut le toit par l'honneur abrité,
Il le peut... c'est sa gloire, et certe il est le maître
De la placer si haut !... la nôtre doit se mettre
A conserver les droits du rang où je naquis ;
Mes gens donc, par ces droits, jugeront le marquis ;
Et si la force y met obstacle, je proteste
Devant les nations !... retirez-vous...
GUISE.
Je reste.
L'appareil que je vois m'en impose le soin ;
Ne pouvant l'empêcher, j'en reste le témoin,
Pour que, s'il plaît au roi que sa loi vous punisse,
J'en rende témoignage aux gens de sa justice ;
Et s'il est en ce lieu quelque Français loyal,
Je l'adjure en mon nom, et sous le droit royal
De m'y prêter le sien, quelle que soit sa classe,
Son état ou son rang.
CHARNACÉ, *allant près de Guise.*
Vive Dieu ! c'est ma place,
Baron de Charnacé.
CHRISTINE.
Vous, pour le roi... comment ?
CHARNACÉ.
Son sujet, condamné par son haut parlement,
Et qui, sûr de sa vie, offre par préférence
Aux armes de Bourbon, de Navarre et de France,
Sa tête, pour qu'un jour on ne prétende pas
Qu'un Charnacé balance entre honneur et trépas.
CHRISTINE, *avec dépit.*
C'est fort bien... maintenant personne ne réclame,
Chacun a dit, je crois, son mot de grandeur d'âme,
Continuons.
Elle se tourne vivement vers Monaldeschi et montre la cassette.
Ceci marquis, vous appartient ?
MONALDESCHI.
Sans doute.
CHRISTINE.
Les objets que ce coffre contient ?
MONALDESCHI.
S'il contient quelque objet, il m'appartient de
[même.
CHARNACÉ, *bas à Guise.*
Saint Aubin fait son jeu.

CHRISTINE, *à part.*
Quelle impudence extrême !
Elle se tourne vers les officiers.
Que pensez-vous, messieurs, que mérite celui
Qui, chargé d'un emprunt et sur les biens d'autrui,
Trompe celui qui prête et celui qui s'engage,
Reçoit les fonds promis... en soustrait le vrai gage,
Pour en remettre un faux et de nulle valeur ?
BEMPO.
C'est un vol de laquais.
CHARNACÉ, *bas à Guise.*
C'est un vol de voleur.
VOIX CONFUSES.
Bas, ignoble.
CHRISTINE, *vivement.*
Et de plus si, dans un livre infâme,
Il ose de son crime accuser une femme,
Une reine... enfin moi ?
TOUS.
Vous ?
CHRISTINE.
Pour ce crime affreux,
Qu'aura-t-il mérité ?
MONALDESCHI.
Je répondrai pour eux.
Il mérite la mort s'il a commis ce crime.
CHRISTINE.
C'est votre arrêt, marquis, que votre bouche ex-
[prime.
Aux officiers.
Vous savez, Winter ?
BEMPO.
Riche en trésors bien acquis.
CHRISTINE.
Je lui fis emprunter...
BEMPO.
Par les mains du marquis ?
CHRISTINE.
Mes diamans devaient garantir cette dette.
Où pensez-vous qu'ils sont ?
TOUS.
Où ?
CHRISTINE.
Dans cette cassette,
Que le marquis à lui dit bien appartenir.
BEMPO.
Est-il vrai ?
MONALDESCHI.
Je l'ai dit.
BEMPO.
Vous pouvez revenir ;
Pensez, marquis, pensez que ce mot vous con-
[damne.
MONALDESCHI.
Soit, Ouvrez.
CHRISTINE.
Ouvrez donc.
CLAIRET, *qui a ouvert la boîte, avec rage.*
Rien.

TOUS LES OFFICIERS, *qui se sont levés, les yeux fixés sur la casette.*
Rien.
CHRISTINE, *à moitié levée, retombe sur son trône.*
Rien!
MONALDESCHI, *à part.*
O Marianne!

Tout le monde est immobile; Christine quitte vivement son trône, et marche rapidement en silence; elle lève les yeux, rencontre Monaldeschi, et lui tend la main.

CHRISTINE.
Monaldeschi, je veux vous demander pardon.

Elle se promène encore et repasse près de Monaldeschi.

Bientôt, marquis, bientôt...

Elle va vers Guise, Charnacé et Suénon.

A Charnacé.
Vous, Guise, Suénon,
Demeurez.

Elle marche encore vers Monaldeschi.

Oui, marquis... faites que l'on me laisse.

Elle tombe sur un fauteuil en sanglotant. Tout le monde sort.

Malheur, malheur à moi!

SCENE XVI.
SUÉNON, CHARNACÉ, CHRISTINE, GUISE.

GUISE.
Pourquoi cette faiblesse
Lorsque vous retrouvez un ami dévoué?
CHRISTINE, *avec colère.*
Guise, comprenez donc quel rôle j'ai joué,
Odieux, ridicule, et par quelle indulgence
J'ai peut-être en mes mains enchaîné ma ven-
[geance!
Sans preuves, maintenant, puis-je le condamner?
Si je l'ose, on dira que c'est l'assassiner.
GUISE.
Votre courroux s'égare.
CHRISTINE.
Ah! j'aimerais mieux être
Coupable du forfait dont m'accuse ce traître...
GUISE.
Madame, oubliez-vous encor qu'il ne l'est point?
CHRISTINE.
Guise, eh! me croyez-vous sotte et folle à ce point
D'avoir si hautement annoncé sa disgrâce,
Sans avoir du forfait bien reconnu la trace?
J'ai vu, vu de mes yeux les preuves du forfait.
GUISE, *avec doute.*
Eh! comment se fait-il?...
CHRISTINE.
Comment cela s'est fait?
Demandez à l'enfer... à moins que cet ermite...
GUISE.
Sur des soupçons encor votre courroux s'irrite;
Peut-être il est coupable aussi; mais, entre nous,
Je pense qu'il se livre à des crimes plus doux.
CHRISTINE.
Qu'est-ce à dire?
GUISE.
Ou je vois mal ce que je regarde,
Ou cet ermite saint était le même garde
Qui sut avant-hier du palais enlever
Cette enfant de Clairet, qu'on n'a pu retrouver.
CHRISTINE, *à part, avec une grande surprise et calculant en elle-même.*
O ciel! étrangement tout ceci se rapporte
Ensemble, en ce caveau... cette clef, cette morte...
Malheur!
GUISE, *l'observant.*
Que dites-vous?
CHRISTINE, *réfléchissant, à part.*
Oui...
GUISE.
Vous soupçonnez?
CHRISTINE, *comme approuvant sa pensée.*
Oui!
C'est cela.
GUISE, *bas à Charnacé.*
Charnacé, vous veillerez sur lui.
A Christine.
Madame...
A part.
A ses regards, sa sombre joie échappe.
A Christine, l'observant.
Vous...
CHRISTINE, *revenant à elle, et d'un air indifférent.*
Moi? rien. J'admirais comme l'esprit se frappe
D'un soupçon, et combien long-temps il s'en res-
[sent.
Je dois croire et je crois le marquis innocent,
Et déjà sur un mot je m'étais emportée;
Mais... vous le comprenez... je suis fort agitée;
Je vais dans la forêt me distraire un moment.
GUISE.
Le temps menace.
CHRISTINE.
Oh! rien, une heure seulement
En carrosse.
SUÉNON.
Il suffit... Quelle garde accompagne?
CHRISTINE, *vivement.*
Personne... je veux seule admirer la campagne.
Guise, avant mon départ vous recevrez de moi
Le message secret que je destine au roi.
Charnacé, ce me semble, a mérité sa grâce,
Il vous suit.
CHARNACÉ, *sur un signe de Guise.*
Permettez, puisque le temps menace,
Que j'attende un rayon du soleil de la cour.
CHRISTINE, *à part.*
Je saurai l'éloigner avant la fin du jour.
A Charnacé.   A Guise.
Oui, demeurez... adieu... Vous n'attendrez pas,
[Guise.

GUISE.

Je sors.

Il sort.

CHRISTINE, *en sortant.*

Et maintenant que l'enfer me conduise.
Tremble, Monaldeschi.

Elle sort.

SCENE XVII.

SUÉNON, CHARNACÉ.

CHARNACÉ.

Te voilà bien penaud.

SUÉNON.

Moi, dis-tu?

CHARNACÉ.

Mais vraiment, c'est tomber de bien haut.
La place du marquis est un peu dangereuse,
Mais une ame brûlante est rarement peureuse,
Et je te crois bien brave.

SUÉNON, *avec dépit et mépris, prenant une clef comme s'il voulait la briser.*

Et le lâche va donc
Reprendre cette clef.

CHARNACÉ, *vivement.*

T'en a-t-elle fait don?

SUÉNON, *avec humeur.*

C'est celle qui servit pour enlever Marianne.

CHARNACÉ.

La sait-on en tes mains?

SUÉNON.

Oui, certe.

CHARNACÉ.

Dieu me damne!
Et l'on ne te l'a pas arrachée à l'instant?

SUÉNON.

Non, mais qu'importe?

CHARNACÉ.

Rien, sinon que l'on t'attend.

SUÉNON.

Qu'oses-tu dire?

CHARNACÉ.

Eh, mais, si je connais les femmes,
Il faut être un peu bon pour ces très-grandes dames,
Qui comme dans un fort s'enferment dans leur
[rang;
Tiens, lis la Scudéry... « Vienne le conquérant,
Dit-elle... l'une attend et demeure blottie,

L'autre entr'ouvre une porte et tente une sortie ;
Mais il en est aussi qui demandent l'assaut! »
Mon pauvre Suénon! si tu n'étais un sot...

SUÉNON.

Charnacé, j'oserais...

CHARNACÉ.

La nuit est si fidèle,
Sait tout et ne dit rien.

SCENE XVIII.

SUÉNON, CHARNACÉ, CLAIRET, VALETS.

CLAIRET, *entrant précipitamment, et avec fureur.*

Enfer! où donc est-elle,
La reine?

Bruit extérieur.

CHARNACÉ.

Le palais est-il encor en feu?

CLAIRET.

La reine?

SUÉNON.

Elle est sortie et va rentrer dans peu.

VALETS, *en dehors.*

A bas!...

CLAIRET.

Monaldeschi, le lâche les ameute;
Ses valets sont sur moi lancés comme une meute.

VALETS.

A bas!...

CHARNACÉ.

Chacun son tour.

CLAIRET, *cherchant quelque arme pour se défendre.*

Rien... rien.

CHARNACÉ.

Écoute moi :
Invoque saint Aubin, il a sauvé, je croi,
Le marquis; il est juste à ton tour qu'il te sauve.

LES VALETS, *entrant.*

Au fouet!

SUÉNON.

Ils l'ont traqué comme une bête fauve.

CLAIRET, *qui s'est emparé des pistolets de Charnacé, que celui-ci avait mis sur un guéridon.*

A moi donc, à moi, tous, lâches!

Il leur présente les pistolets ; ils s'arrêtent.

CHARNACÉ, *à Clairet.*

Épargne-les.

A Suénon.

Regarde, Suénon : tels maîtres, tels valets.

Ils entraînent Clairet, la toile tombe.

ACTE QUATRIEME.

Le théâtre représente un intérieur de grotte avec quelques meubles grossiers, quelques escabelles, une table à gauche, sur laquelle une cruche d'eau et des gobelets; un prie-Dieu se trouve au fond, qui est en planches avec un toit en chaume appuyé sur le rocher. Une porte délabrée; à droite, dans le rocher, une issue naturelle avec une grotte qui semble précéder celle où se passe l'action; à droite et presque sur le premier plan, un tas de paille, sur lequel Marianne est couchée. Le P. Le Bel est assis près de la table sur une escabelle; il lit. On entend tomber la pluie, et de temps en temps le tonnerre gronde.

SCENE PREMIERE.

LE PÈRE LE BEL, MARIANNE.

LE PÈRE LE BEL, *lisant des papiers qu'il ploie au lever du rideau.*
J'ai déjà quatre fois tourné ce sablier;
Deux heures qu'elle dort... n'allons pas oublier
De cacher avec soin ce dépôt exécrable.

Il écarte une pierre du rocher, et met les papiers derrière, à côté de la paille sur laquelle Marianne est étendue. Il considère Marianne.

Voilà donc où conduit ce monde misérable!
Au fond d'un cloître saint mes frères retirés
En ignorent les maux, à leur porte expirés;
Mais moi, qui, grâce à Dieu, puis dans cet ermitage
Par un chemin plus dur gagner son héritage;
Moi, qui durant l'hiver loin du toit du rocher
Pleure ici mes péchés sous la pluie et le vent;
Quelle que soit encor ma retraite profonde,
J'entends gémir le juste et j'entrevois le monde.
Il me montre aujourd'hui le vice triomphant,
Dont le souffle en son ame a flétri cette enfant.
Le cilice, la veille et la faim que j'endure,
O mon Dieu! ne sont pas ma peine la plus dure.
C'est de voir cette enfant, dédaignant ton pardon,
Plus haut que son péché pleurer son abandon.
Mon Dieu, fais qu'elle oublie, ou remplis son at-
[tente,
Car plus que son salut son désespoir la tente.
Si le coupable meurt, elle voudra mourir;
Ou bien inspire-moi comment la secourir
Dans ce monde et dans l'autre...

Il réfléchit.

Irai-je à ce ministre,
Dont les lettres étaient sous ce trésor sinistre?
Une fois à Paris j'ai vu ce Mazarin
Qui de Monaldeschi veut faire un souverain;
Qui l'approuve d'avoir presque forcé la reine
A l'hymen, par la honte où lui-même il la traîne,
Et qui, sur cette enfant, nomme admirable trait
D'avoir après sa fille occupé ce Clairet,
Tandis qu'il s'en amuse, et qu'elle meurt peut-être.
J'ai vu ce Mazarin, ce ministre est mon maître;
Irai-je le tenter après ce que j'ai lu?

Quoi, mon Dieu, ce danger me laisse irrésolu?
Devant mes yeux chrétiens sa pourpre reste pure;
Mais toi, tu peux jeter sa pourpre sous ma bure,
Mettre au-dessus du sien un nom plus inconnu.

MARIANNE, *se soulevant.*
Mon père!

LE PÈRE LE BEL, *près d'elle, et la soutenant.*
Mon enfant!

MARIANNE, *avec effort.*
Eh bien! est-il venu?

LE PÈRE LE BEL.
Ma fille, est-ce donc là ta première espérance?

MARIANNE, *debout, et comme brisée.*
Pardon, c'est un vain mot qu'a produit ma souf-
[france.
Il n'a pas dû venir... je ne l'espérais pas...
Je n'espère plus rien.

LE PÈRE LE BEL.
Si ce n'est ici-bas,
Porte au moins son espoir après la vie humaine,
Dans un monde meilleur.

MARIANNE.
Où le trépas nous mène?

LE PÈRE LE BEL.
Dieu ne parle donc plus à ce cœur éperdu?

MARIANNE.
Mon père, dans ce cœur, comme un trait assidu,
Je n'entends déjà plus qu'une voix implacable,
Qui me parle sans cesse et sans cesse m'accable,
Qui dit et dit toujours : Meurs, il ne t'aime pas.

LE PÈRE LE BEL.
Sais-tu quel châtiment peut suivre ce trépas?

MARIANNE, *montrant l'endroit où le père Le Bel a mis les papiers.*
En est-il un plus grand qu'un mot de cette lettre?
Il dit ce que je suis, je ne le veux plus être.
Quoi! lorsqu'à ses sermens je me laissais ravir,
J'étais le vil jouet dont il doit se servir
Pour écarter mon père et tromper ma rivale!...
Et je l'aime... ah! trop bas cet amour me ravale;
La mort efface tout.

LE PÈRE LE BEL.
Moins que le repentir.
De ce monde méchant, ma fille, on peut sortir;
Mais dans la pénitence et par sa sainte voie...

CHRISTINE A FONTAINEBLEAU.

MARIANNE.

Mon père, croyez-vous encor que je le voie?
A-t-il eu mon billet... ou bien l'a-t-il compris?
Sans doute... mais je suis si bas dans son mépris,
Que, sachant ses trésors en mes mains, il me quitte,
Et qu'envers moi peut-être il s'estime être quitte.
Mais vous, vous les avez?

LE PÈRE LE BEL.
Quels doutes insensés!

MARIANNE.

Pour me perdre, mon Dieu, je l'aimais bien assez;
Mais vous, après ma mort, vous saurez me défendre.

LE PÈRE LE BEL.

A l'estime de l'homme, enfant, pourquoi prétendre
Si les arrêts du ciel ne sont plus rien pour toi?

MARIANNE.

Mon père, mon malheur est plus grand que ma foi.
Comment as-tu jugé le crime que j'expie,
Mon Dieu, quand tu souris à cette reine impie,
Qui se livre sans honte et punit sans pardon,
Méconnaissant tes lois et blasphémant ton nom?
Elle vit cependant... reine, puissante, auguste,
Et moi, je meurs, je meurs... non, Dieu, tu n'es
[pas juste.

L'orage augmente.

LE PÈRE LE BEL.

Enfant, son feu vengeur plane sur ma maison.

MARIANNE.

Grâce! je suis coupable, et j'en perds la raison!
Mon père, sentez-vous comme ma tête brûle?

LE PÈRE LE BEL, *fait asseoir Marianne près de l'issue de la grotte.*

Eh bien! assieds-toi là, l'air du moins y circule;
Le sommeil t'a laissé ta fièvre et sa chaleur,
Calme-toi.

MARIANNE.
Le sommeil m'a laissé mon malheur.

LE PÈRE LE BEL.

Prends cette eau, pauvre enfant, elle éteindra ta
[fièvre.

MARIANNE.

Non, mon dernier breuvage a rafraîchi ma lèvre;
Je ne prendrai plus rien.

LE PÈRE LE BEL.
Dieu!

MARIANNE.
Plus rien d'aujourd'hui.

Elle écoute.

On vient, mon père.

Elle se lève.

On vient... mon Dieu!

Elle regarde et retombe assise.

Ce n'est pas lui.
Ton doigt est inflexible, et mon heure est marquée.

SCENE II.

MARIANNE, *assise à droite près du lit de paille;* MÉRULA, *entrant par la porte du fond;* LE PÈRE LE BEL, *à gauche.*

MÉRULA, *ôtant sa robe d'ermite, ramasse par terre une veste et un chapeau de bandit italien; il prend son mousquet.*

Je reprends mes habits; mon affaire est manquée.
Je ne vous avais pas cependant oublié;
Mais avant mon retour qui vous a délié?

Il aperçoit Marianne.

Vous ici, par ce temps, c'est avoir du courage.

MARIANNE, *se levant péniblement.*

Pourquoi? j'étais ici long-temps avant l'orage.

MÉRULA, *surpris.*

Comment, avant l'orage?

MARIANNE.
A la porte du bois,
Ce matin, des soldats n'entendant plus la voix,
J'ai tenté de l'ouvrir... alors j'ai pris la fuite.

MÉRULA.

C'est possible... l'affaire était si bien conduite...
Jamais palais ne fut si fort bouleversé,
Mais la reine est venue, et tout s'est dispersé.
Il a fallu partir.

MARIANNE.
Et lui?
MÉRULA.
Lui... pauvre fille!...
Tenez, rien ne remplace un père, une famille;
Retournez chez le vôtre... adieu.

MARIANNE, *avec désespoir.*
Monaldeschi!

MÉRULA.

Enfant, il est jugé... rappelez-vous par qui!

LE PÈRE LE BEL.
Vous avez entendu l'arrêt?

MÉRULA.
Moi? pourquoi faire?
Je ne suis pas un homme à quitter une affaire
Tant qu'il reste un espoir d'en sauver un lambeau;
Mais on ferait sortir un mort de son tombeau
Plutôt que d'en sauver celui qu'elle y destine,
Maintenant qu'en ses mains le possède Christine.

MARIANNE, *avec anxiété.*

Mais on n'a pas trouvé les preuves du forfait.

MÉRULA, *avec surprise.*

On n'a pas trouvé... quoi?

Il s'élance vers la porte et la ferme.

LE PÈRE LE BEL, *pendant ce mouvement, se plaçant près de Marianne.*

Grand Dieu! qu'avez-vous fait?

MÉRULA, *revenant près de Marianne.*

Ah çà! parlons sans peur, et point de résistance.
Comme Dieu me la fait j'accepte l'existence;

Mais à l'aider parfois je ne vois pas grand mal.
Vous avez les bijoux ?
MARIANNE.
Moi ?
MÉRULA.
Tous deux.
LE PÈRE LE BEL.
Jour fatal !
Tremble ; la loi du ciel et des hommes condamne
Qui prend le bien d'autrui.
MÉRULA.
Dieu permet qu'on y glane ;
Et pour la loi de l'homme, elle a tiré sur moi
Un horoscope plus haut que celui d'un roi.
LE PÈRE LE BEL.
Que la religion parle à ta conscience !
MÉRULA.
Mon père, j'ai goûté du fruit de la science :
Votre habit m'a, je crois, appris le droit canon ;
Mais j'aime mieux le mien... que l'on l'approuve
[ou non.
Voici ma loi, qui vaut en ce lieu, ce me semble,
Plus que les lois du ciel et des hommes ensemble.

A Marianne.

Enfant, je ne suis pas un si mauvais chrétien ;
Je vous ai fait du mal, je vous ferai du bien.
A l'instant, sans un sou, j'allais partir pour Rome ;
Mais on tue un chevreuil... ou l'on rencontre un
[homme ;
On vit toujours... mais vous, vous resteriez sans pain ;
Il faut autant qu'on peut secourir son prochain.
Et puis, je n'aime pas qu'on me force à mal faire...
Partageons.
LE PÈRE LE BEL.
Quoi ! ton crime...
MÉRULA.
Eh ! non pas, mon affaire.
A Marianne.
Prenez les trois quarts.
LE PÈRE LE BEL.
Fuis.
MÉRULA.
Vous me poussez à bout.
Voulez-vous ?...
LE PÈRE LE BEL.
Misérable !
MÉRULA.
Eh bien ! je prendrai tout.
Avec fureur.
Allons ! ces diamans, qu'on les donne, ou peut-être..
LE PÈRE LE BEL.
Vous pouvez me tuer, vous en êtes le maître !
MÉRULA, *son poignard à la main.*
Où sont-ils ? où ?
LE PÈRE LE BEL.
Frappez.
MÉRULA, *avec dépit.*
Il ne parlera pas.
A Marianne.
Mais vous.. vous, un enfant, vous craignez le trépas ?

MARIANNE, *d'une voix faible.*
Pour un moment plus tôt faut-il qu'on le redoute ?
MÉRULA, *à part.*
Je la ferai parler, moi, sans qu'elle s'en doute.

Il fait le tour de la scène, puis revient se placer en face du père Le Bel et de Marianne, qu'il examine avec anxiété, tandis qu'il parle au père Le Bel.

Ils étaient bien cachés, pour faire le cruel...
Je les vois d'ici...
MARIANNE, *avec un mouvement involontaire qui lui fait porter les yeux du côté où sont les diamans.*
Vous ?...
LE PÈRE LE BEL, *s'élançant près d'elle pour prévenir le mouvement.*
Fixez vos yeux au ciel !
MÉRULA, *avec rage et prêt à frapper.*
Malheureux !...
MARIANNE, *le retenant.*
Grâce !
MÉRULA.
Eh non !

Se parlant à lui-même, avec une colère qui s'anime par degrés.

Ici... là... ma fortune...
Rage ! et depuis dix ans que je veux m'en faire une,
La toucher, sans pouvoir. Tenez... parlez... parlez,
Ou vous serez discrets plus que vous ne voulez.

Il écoute.

Malheur !...

Il écoute de nouveau.

Encore.
MARIANNE, *d'une voix de plus en plus faible.*
Eh bien ?
MÉRULA.
Au pied de cette roche
J'entends du bruit.
LE PÈRE LE BEL, *à Marianne, qui s'appuie sur lui.*
Hélas ! personne ne s'approche.
J'écoute en vain.
MÉRULA, *les poussant du côté de la première grotte.*
Parbleu ! je ne l'entends que trop ;
A coup sûr, d'un cheval j'ai reconnu le trot.
Ah ! lorsque je veillais aux campagnes de Rome,
Mes braves sûrement pouvaient faire leur somme ;
A trois milles j'aurais reconnu l'ennemi.
Entrez là.
LE PÈRE LE BEL, *à Marianne, qui se soutient à peine.*
Viens.
MARIANNE.
Pourquoi ?
LE PÈRE LE BEL.
C'est peut-être un ami.
MÉRULA, *s'approche encore de la porte pour écouter.*
Il monte à pied. Que diable ! ou je n'ai plus d'oreille,
Ou je connais ce pas.
MARIANNE, *faisant un effort pour approcher.*
Si c'était...

MÉRULA, *se relevant.*
                          A merveille !
Mon ouvrage bientôt ici sera fini ;
Il est peu de sorciers plus forts que Landini,
Pourvu que l'on lui paie un peu cher sa magie ;
On l'a déjà brûlé trois fois en effigie.
MARIANNE, *tombant assise près du lit de paille.*
Ah ! je voudrais, mon père...
          LE PÈRE LE BEL.
                    Oui, s'il vient du château,
Nous saurons...
          MARIANNE.
Je succombe et je brûle... un peu d'eau.

SCENE III.

LE PÈRE LE BEL, *à gauche, debout près du lit de paille;* MARIANNE, *assise, la tête appuyée sur le père Le Bel;* LANDINI, *qui entre par le fond;* MÉRULA, *à gauche.*

MÉRULA, *à Landini, au moment où il entre.*
Allons, entre ; on t'attend.
          LANDINI, *à part.*
                    Au diable la rencontre !
Marianne est-elle ici ?
          MÉRULA.
                    Faut-il qu'on te la montre ?
La voilà.
LANDINI, *s'approche de Marianne, qui fait un effort pour l'écouter.*
Le marquis m'envoie ici.
          MÉRULA, *vivement.*
                         Vraiment !
          LE PÈRE LE BEL, *avec anxiété.*
Il est sauvé.
          LANDINI, *confidentiellement.*
               Sauvé... vous devinez comment.
          MÉRULA, *bas, avec intention.*
Viendra-t-il ?
          LANDINI, *de même.*
A minuit.

Mérula le tire à l'écart, et cause avec lui. Ici il s'établit une double scène entre Mérula et Landini, d'une part, et Marianne et le père Le Bel de l'autre.

          MARIANNE, *avec une joie convulsive.*
                    Mon père !
          LE PÈRE LE BEL.
                    Eh bien !
          MARIANNE, *se soulevant.*
                              Mon père !
          LE PÈRE LE BEL.
Tu pâlis ?
          MARIANNE, *presque debout.*
               Je vivrai jusque là, je l'espère.
          LE PÈRE LE BEL.
Malheur ! je te comprends.
          MARIANNE, *tombant à genoux.*
                         Je vous avoûrai tout.

          LANDINI, *à Mérula, à l'écart.*
Nous partagerons.
          MÉRULA.
               Oui.
          LE PÈRE LE BEL, *à Marianne, qui cherche à se relever.*
                    Ma fille...
          MARIANNE.
                         Mon sang bout ;
Il me brûle le cœur.
          LANDINI, *toujours à l'écart avec Mérula.*
                         Une somme si forte,
C'est dangereux.
          LE PÈRE LE BEL, *à Marianne.*
                    Enfant, repens-toi.
          MÉRULA, *à Landini.*
                              Que m'importe !
Dussé-je voir l'enfer danser autour de moi.
          LANDINI, *à Mérula.*
Tu le veux.
          MARIANNE, *avec des sanglots.*
     O mon Dieu ! c'en est trop.
          LE PÈRE LE BEL.
                              Repens-toi,
Malheureuse.
          MARIANNE, *se pressant le front.*
                    Là ! là !...
          LANDINI *à Mérula.*
                         Marché fait.
          LE PÈRE LE BEL.
                              Prends courage.
          MÉRULA.
Le sortilége est sûr ?
          LANDINI.
                    Surtout après l'orage.
Mais je n'eusse jamais osé l'essayer seul.

Il tire plusieurs objets d'un petit sac de velours.

          MARIANNE, *se pressant la tête.*
Je souffre là.
          LANDINI.
               Toi, prends ce morceau de linceul,
Fais du feu.

Mérula le met dans le bassinet de son arquebuse et fait du feu avec l'amorce. Il prend les cierges qui sont devant un christ et les allume.

          MARIANNE.
     Je ne sais, mais ma tête se trouble.
          LE PÈRE LE BEL.
Dieu, garde sa raison !
          LANDINI, *qui tient un des cierges.*
                    Pour faire un cercle double
Donne-moi ton poignard. C'est bien, il est en croix,
Il nous protégera.

Il se met au fond et au milieu du théâtre, et fait deux cercles par terre.

          LE PÈRE LE BEL, *à Marianne.*
                    Le ciel, en qui tu crois,
Ne demande qu'un mot, qu'un repentir sincère.

MARIANNE.
Sous un bandeau de fer mon cœur brûle et se serre.
LANDINI, à *Mérula, qui se place à côté de lui.*
Entre ici, maintenant que tout est apprêté.
MARIANNE, *cherchant à se soulever.*
Il viendra pour me voir... il vient de ce côté.
LE PÈRE LE BEL.
Quel délire fatal ce froid sourire annonce!
MÉRULA, *dans le cercle.*
Tu me diras les mots pour que je les prononce.
MARIANNE, *dont le délire croît à chaque mot.*
Il vient.
LE PÈRE LE BEL.
Pense à ton Dieu.
LANDINI.
Maintenant à genoux!
LE PÈRE LE BEL, *levant les mains au ciel.*
Dieu vivant, entends-moi.
LANDINI.
Satan, écoute-nous.
LE PÈRE LE BEL.
Esprit saint!
LANDINI.
Feu maudit!
LE PÈRE LE BEL.
Secours-la.
LANDINI.
Je t'appelle.
LE PÈRE LE BEL.
Viens, sauveur des humains.
LANDINI.
Viens, archange rebelle.
LE PÈRE LE BEL.
Dieu trois fois saint!
LANDINI, à *Mérula.*
Allons, et répète trois fois.
LANDINI et MÉRULA, *d'une voix forte.*
Belzébuth!
LE PÈRE LE BEL, *sortant de sa prière.*
De l'enfer n'entends-je pas les voix?
MARIANNE, *qui est parvenue à se mettre debout.*
Monaldeschi!
LE PÈRE LE BEL, *apercevant Landini et Mérula.*
Que vois-je? anathème! anathème!
LANDINI et MÉRULA.
Belzébuth!
LE PÈRE LE BEL.
En arrière!
MARIANNE, *cherchant à se traîner vers la porte.*
Il viendra, puisqu'il m'aime.
LE PÈRE LE BEL.
Damnés, je vous proscris de l'éternel salut.
MARIANNE.
Monaldeschi!
LE PÈRE LE BEL.
Malheur éternel!
LANDINI et MÉRULA.
Belzébuth!
Viens.
LE PÈRE LE BEL.
Mort!

LANDINI.
Viens.
LE PÈRE LE BEL.
Mort!
LANDINI et MÉRULA.
Viens!

La foudre éclate, la porte s'ouvre avec fracas. Christine paraît; Marianne à son aspect tombe sur un banc de pierre dans l'angle du roc.

MARIANNE, *avec un cri et montrant Christine.*
Là!
Elle tombe.

~~~~~~~~~~~~~~~~~~~~~~~~

SCÈNE IV.

LES MÊMES, CHRISTINE.

L'orage est à son comble, et la scène est très-sombre.

CHRISTINE, *entrant impétueusement.*
C'est ici... tremble, infâme.
LANDINI, *tremblant et le front courbé.*
C'est l'enfer!
LE PÈRE LE BEL, *dans l'attitude d'un homme qui maudit.*
C'est le ciel!
CHRISTINE, *avec mépris.*
Lâches, c'est une femme,
C'est Christine.
TOUS, *excepté Marianne, qui est couchée sans mouvement; le père Le Bel près d'elle; Christine au milieu; Landini et Mérula à droite.*
Malheur!
CHRISTINE.
Pourquoi cette stupeur?
Comme un arrêt de mort ce nom vous a fait peur?
LANDINI, *bas à Mérula.*
C'est le nôtre, à coup sûr.
MÉRULA, *de même.*
D'autant que je suppose
Que nous sommes cernés... double enfer!
LE PÈRE LE BEL.
Quelle cause
Peut conduire Christine en cet humble réduit
Si tard?
CHRISTINE, *l'observant.*
Vous demandez quel motif m'y conduit?
LE PÈRE LE BEL.
Sans doute.
CHRISTINE, *observant tour à tour Landini et Mérula.*
Seule ici; le dire, s'ils l'ignorent,
C'est tenter leur poignard.
LANDINI, à *Mérula, à voix basse.*
Vois, ses yeux nous dévorent.
CHRISTINE, *lisant leur inquiétude dans les traits de Mérula et de Landini.*
Lâche par sa nature, esclave par ses lois,
L'homme tient ses regards baissés aux pieds des rois;

Avant que son poignard ne monte à leur poitrine,
Quel chemin...

Avec un sourire d'orgueil.

Je suis reine et m'appelle Christine.

A Le Bel.

Approchez, vous, mon père.

A Landini et à Mérula.

Et vous, si pour vos jours
Vous cherchez un pardon qu'on n'obtient pas tou-
[jours
Quand on a de Christine encouru la vengeance,
Par votre repentir gagnez son indulgence,
Espérez-la tous deux...

LE PÈRE LE BEL, *à part pendant que Christine se tourne vers lui sans perdre Landini et Mérula de vue.*

Vois cet enfant, ô ciel!
A sa bouche mourante épargne un nouveau fiel!

CHRISTINE, *au père Le Bel.*

Vous m'avez demandé ce qui peut me conduire
En ce lieu... le voici.

LE PÈRE LE BEL, *à part.*

Qu'osera-t-elle dire?

CHRISTINE, *avec un calme et une indifférence forcés.*

Je viens ici chercher des diamans d'un prix
Dont l'orgueil d'une femme est certes moins épris
Que du pouvoir qu'ils ont de la rendre plus belle.

LE PÈRE LE BEL, *avec sévérité et doute.*

Eh quoi! ce seul motif en ce lieu vous appelle?

CHRISTINE, *sèchement.*

Mes paroles, je crois, n'ont pas d'obscurité.

LE PÈRE LE BEL.

Quelquefois le mensonge est sous la vérité.

CHRISTINE.

Souvent avec raison ce précepte s'applique;
Mais, monsieur, sans détour je crois que je m'expli-
On a soustrait chez moi de très-riches bijoux, [que.
Je dois les croire ici... les y connaissez-vous?
Que votre probité réponde à ma demande.

LE PÈRE LE BEL.

Plus haut qu'elle souvent la charité commande.

CHRISTINE, *avec une légère impatience.*

L'opinion est neuve et se peut discuter;
Mais ce n'est pas ici le lieu d'argumenter.
Dites oui, dites non... réponse aisée et claire.

LE PÈRE LE BEL, *avec indignation.*

Je ne servirai pas votre indigne colère.

CHRISTINE, *se contraignant à peine.*

Je suis calme, mon père, et vous ne l'êtes pas.

LE PÈRE LE BEL.

Dieu vous juge là-haut.

CHRISTINE, *ironiquement.*

Il m'éprouve ici-bas
Dans la lutte inégale où votre esprit l'emporte.

LE PÈRE LE BEL.

L'enfer vous donne seul celui qui vous rend forte
A suivre des projets honteux à révéler.

CHRISTINE.

S'il m'en donnait assez pour vous faire parler
Sur le vol très-honteux qui près de vous m'amène,
Je croirais cet esprit de trempe plus qu'humaine.

LE PÈRE LE BEL.

Puissé-je vous apprendre...

CHRISTINE.

Épargnez-vous ce soin;
Si c'est une leçon, je n'en ai pas besoin.
Mon père, je vous crois, en morale pratique,
Aussi fort que le roi de France en politique;
Mais au peu que je sais je demande conseil,
Et vos leçons sans doute auraient un sort pareil.
Finissons.

A Mérula.

Vous, monsieur, vous qui jouez l'ermite,
Si bien que je croirai que monsieur vous imite,
Pourrai-je dans ce lieu trouver mes diamans?

MÉRULA.

Madame, mon poignard vaut bien des argumens,
Et je n'en sais pas plus que si j'étais la reine.

CHRISTINE.

Mon service bien vite et bien loin vous entraîne.
Et vous, n'auriez-vous pas, mon maître en arts
[savans,
Pour me les retrouver pris aussi les devans.

LANDINI.

Je voulais seulement tenter un sortilége.

CHRISTINE.

De plaire à tout le monde ils ont le privilége;
Mais celle qui les prise à coup sûr mieux que vous,
Marianne, je le vois, manque à ce rendez-vous.

LANDINI.

Marianne?

MÉRULA.

Pauvre enfant!

LE PÈRE LE BEL.

Reine, votre ironie
Vient-elle des mourans poursuivre l'agonie?

CHRISTINE, *apercevant Marianne.*

Eh quoi! contre la mort cette enfant se débat?

LE PÈRE LE BEL.

Puisse Dieu l'accueillir au sortir du combat!

CHRISTINE, *s'approchant de Marianne, qui se lève.*

Marianne!...

MARIANNE, *se levant.*

Me voici... quel sommeil!... des fantômes...
Du sang!...

LANDINI.

Dieu! regardez.

CHRISTINE.

Quoi?

LANDINI.

Les mêmes symptômes...

Voyez!...

CHRISTINE.

Quoi donc?

LANDINI.

Ces yeux où s'éteint la raison.

CHRISTINE, *regardant Marianne avec effroi.*

Marianne!

MARIANNE, *souriant.*
Oui, c'est l'heure.
LANDINI.
Elle a pris le poison.
CHRISTINE.
Quel poison?
LANDINI, *bas à la reine.*
Le poison...
LE PÈRE LE BEL.
Vengeances éternelles,
Écoutez!...
CHRISTINE.
Dieu l'a mis dans ses mains criminelles.
MÉRULA, *à part.*
Pauvre enfant!
CHRISTINE.
Landini, donne-lui tes secours.
LANDINI.
Rien du mal maintenant ne peut changer le cours.
Bientôt... bientôt la mort...
MARIANNE, *souriant.*
Oui, l'heure nous appelle;
Venez, l'autel est prêt, la fête sera belle.
LE PÈRE LE BEL.
Dieu la fuit.
CHRISTINE.
Malheureuse!
MARIANNE.
Allons, approchez-vous;
Je ne suis plus coupable... il sera mon époux!
CHRISTINE.
Elle rêve d'amour.
LANDINI, *bas à Christine.*
Magnus parlait de gloire.
LE PÈRE LE BEL.
Mon Dieu! son crime seul occupe sa mémoire.
MARIANNE, *avec douleur.*
Pourquoi cette tristesse au jour de mon bonheur?
Vos pleurs assez long-temps ont dit mon déshon-
[neur.
Si Dieu veut qu'en mon cœur ma blessure s'étanche
A l'autel où j'irai sans ma couronne blanche,
Laissez ce jour en paix.
LE PÈRE LE BEL.
Au ciel tourne tes yeux.
MARIANNE.
Hélas! si vous m'aimiez, vous seriez plus joyeux.
CHRISTINE.
Ah! maudit soit celui qui cause ton délire!
LE PÈRE LE BEL.
Puisse le ciel bientôt n'avoir pas à maudire!
CHRISTINE.
Ce spectacle de mort manque à son châtiment.
MARIANNE, *s'approchant de Christine, et confidemment.*
Ah! que vous oubliriez ce long ressentiment,
Si vous pouviez savoir de quelle voix touchante,
Quand il dit son amour, il parle et vous enchante!
Oui, par tant de douleurs ces momens expiés,
Ils m'enivrent encore... il était à mes pieds...
Lui, soumis et tremblant, et moi tremblante et fière,

Mes deux mains dans ses mains, ses yeux sur ma
[paupière.
Il me parla si bas... qu'il me fallut pencher
Mon front jusqu'à son front, que je n'osai toucher.
Il me dit doucement : « Oh! je t'aime, et ma vie
» N'a plus qu'une pensée à toi seule asservie,
» C'est de t'aimer... oh! viens, je ne suis pas un roi,
» Et je veux cependant perdre un trône pour toi;
» N'éloigne pas ton front... ta main brûle, et je
[t'aime. »
Il pleurait à mes pieds... moi, je pleurais de même;
J'osai le regarder, son regard me brûla,
J'oubliai...
Avec effroi.
Taisons-nous... si mon père était là!
CHRISTINE, *à part.*
Le lâche!
MARIANNE.
Ah! sans pitié votre cœur me condamne;
Vous me fuyez.
CHRISTINE, *attendrie, vivement.*
Non... viens, ma fille, viens, Marianne;
Oui, tu fus innocente... il est seul criminel.
LE PÈRE LE BEL, *à Marianne.*
Un mot qui te mérite un pardon éternel.
CHRISTINE.
Eh! mon père, voyez ce délire funeste;
De ses jours malheureux consolez ce qui reste.
Par pitié, s'il se peut, souriez à sa mort.
LE PÈRE LE BEL.
Ma foi pour la sauver n'exige qu'un remord.
Je ne bénirai pas le crime qui s'égare
Dans l'oubli de son Dieu.
CHRISTINE.
C'est la foi d'un barbare.
Viens, enfant, viens... c'est moi, qui te veux con-
[soler :
De lui, puisqu'il le faut, je t'oserai parler.
Oui... tu fus innocente et tu seras heureuse.
MARIANNE.
Oh! que j'entende encor cette voix généreuse!
Vous l'aimez donc aussi?
CHRISTINE.
Moi... je l'aime; ô grand Dieu!
MARIANNE.
Si vous voulez le voir, il viendra dans ce lieu.
CHRISTINE.
Il viendra, dis-tu?
A part.
Non... je la crois... je m'égare.
MARIANNE.
Il viendra... pour le voir il faut que je me pare.
CHRISTINE, *à part.*
Allons, ornons de fleurs les marches du tombeau.
A Marianne.
Eh bien! veux-tu ce voile?
MARIANNE.
Il n'est pas assez beau.
CHRISTINE.
Ce collier?

CHRISTINE A FONTAINEBLEAU.   47

MARIANNE.
J'en ai là de plus beaux que le vôtre.
CHRISTINE.
Toi ? malheur!...
MARIANNE, cherchant à l'entraîner du côté où sont les diamans.
Venez.
LE PÈRE LE BEL.
Dieu les frappe l'un par l'autre.
MARIANNE, même mouvement.
Venez !
CHRISTINE.
Je ne veux pas les recevoir de toi.
LE PÈRE LE BEL.
Reine, il vous avertit aussi par votre effroi.
Vous pleurez... Dieu sur vous enfin se manifeste.
CHRISTINE.
Je pleure cette enfant.
LE PÈRE LE BEL.
Dans cette mort funeste
Voyez mourir le crime, et lisez l'avenir.
CHRISTINE.
J'y vois que le coupable est encore à punir.
LE PÈRE LE BEL.
Quoi! sous la main de Dieu vous rêvez la ven-
C'est le Dieu du pardon.   [geance!
CHRISTINE, lui montrant Marianne.
Voyez son indulgence.
LE PÈRE LE BEL.
Ce cœur a fui sa loi.
CHRISTINE, marchant vers Marianne, qui tient les écrins et les papiers et les tend à la reine.
Je la sers aujourd'hui ;
Dieu punit sans pitié, je frappe comme lui.

Près de Marianne, qui est debout devant la paille.

Tremble, Monaldeschi! des mains de ta victime
Je reçois ton arrêt mortel et légitime ;
Et moi... moi... ta victime aussi par mon affront,
J'accomplirai l'arrêt et briserai ton front.
Malheur ! voici le don que leur main te destine.
Donne, enfant... c'est sa mort.
MARIANNE, avec un cri.
Ah! vous êtes Christine!

Marianne tombe sur la paille ; Christine s'empare des diamans, traverse la scène et reste en observation près de la table, où elle pose l'écrin. Landini s'élance près de Marianne, qu'il examine. Il est à genoux.

LANDINI.
Maintenant c'en est fait.
MÉRULA, au père Le Bel.
Donnez-lui le pardon.
LE PÈRE LE BEL.
Dieu seul lit dans les cœurs où manque la raison,
Seul juge leurs péchés et seul peut les absoudre.
Qu'elle soit en ses mains !
MÉRULA.
Malheureuse !... Sa foudre

Le jour de ta naissance eût dû t'anéantir.

Il s'assied, la tête dans les mains, sur une escabelle près de Landini.

LE PÈRE LE BEL.
Dieu peut-être en son ame a vu son repentir.

Il s'éloigne du lit, de façon qu'il est au milieu de la scène.

CHRISTINE.
Vaste et triste leçon !... la barbare ignorance,
L'inutile savoir... la froide intolérance,
La folie et la mort... voilà l'humanité !...
Aussi, briser ses lois avec impunité,
Surprendre ses regards, dompter sa calomnie,
Dominer et punir... c'est la loi du génie,
C'est la mienne.

Elle approche du père Le Bel et lui fait signe d'approcher de même.

Approchez.
Bas et vite.
Je suis seule en ces lieux ;
Je remets en vos mains ces objets précieux.
Suivez-moi, profitons de l'effroi qui les trouble
Pour tromper un danger que chaque instant re-
                                        [double ;
Nous pouvons dans une heure être à Fontainebleau.
LE PÈRE LE BEL, bas.
Si la mort avec vous rentre dans ce château,
N'y comptez pas.
CHRISTINE, de même.
La mort... ou le salut peut-être.
Un coupable à vos yeux ce soir y doit paraître ;
Mais je jure, mon Dieu, que je le veux laisser
Sur sa vie et sa mort libre de prononcer ;
Et, quel que soit l'arrêt, je jure de le suivre.
Priez Dieu qu'il se juge être digne de vivre.
LE PÈRE LE BEL.
Vous tiendrez ce serment ?
CHRISTINE.
Il n'en douterait pas.
Venez... sortons.

Ils sortent doucement par la porte du fond.

~~~~~~~~~~~~~~~~~~~~~~~~~~~~~~~~~~~~

SCENE V.

MÉRULA, LANDINI, MARIANNE.

Marianne couchée sur la paille, Landini à genoux à côté d'elle, Mérula assis sur l'escabelle.

LANDINI, à Mérula.
Écoute... elle parle tout bas,
Elle prie.
MÉRULA, se levant avec colère.
Elle prie!

Il s'arrête debout devant Marianne.

O fille malheureuse!
La mort, jamais la mort ne parut plus affreuse.

J'ai vu mourir des rois et des guerriers mourir,
Des puissans succomber, des coupables périr ;
Mais ils sentaient près d'eux des amis et des larmes.
Là pleuraient des guerriers et là des frères d'armes;
Là le prêtre au coupable arrachait un remords.
Pauvre fille, un brigand prira seul sur ton corps.
Le prêtre impitoyable a déserté ta couche,
Et du pain du salut il a sevré ta bouche.

Il prend son poignard.

Eh bien ! puisqu'il le veut, sur la croix d'un poi-
[gnard,
Dans l'espoir d'un pardon, tourne un dernier re-
[gard ;
Dieu, plus clément que lui, cède à la voix qui prie.

*Il se met à genoux à côté de Marianne, lui soulève la tête,
et lui présente la croix de son poignard à baiser.*

Anges !
LANDINI.
Priez pour elle.
MÉRULA.
O divine Marie !
LANDINI.
Priez pour elle.
MÉRULA.
O saints !
LANDINI.
Priez pour elle.
MÉRULA.
Et toi,
Rédempteur des humains, Jésus...
MARIANNE.
Priez pour moi.

MÉRULA, *se levant, après avoir laissé retomber la
tête de Marianne.*

Et que Dieu maintenant t'accueille et te pardonne,
Marianne... et maudit soit celui qui t'abandonne,
Le jour où tu l'aimas, le jour où tu lui plus.

LANDINI, *toujours à genoux, observant Marianne.*

Sa main froidit... son cœur bat à peine... oui...
[oui... plus.

Il se lève.

Viens, Mérula, partons ; elle est morte.

~~~~~~~~~~~~~~~~~~~~~~~~~~~~~~~~~~~~

SCENE VI.

LANDINI, MÉRULA, CLAIRET, *à l'entrée de
la grotte.*

CLAIRET, *entrant.*
Elle est morte !
MÉRULA, *étonné.*
Qui parle ?
LANDINI, *se pressant près de lui.*
Vois... tiens... là, debout, près de la porte.
CLAIRET, *avançant près du corps de Marianne.*
Ils ne m'ont pas trompé.
MÉRULA, *le reconnaissant.*
Ciel !

CLAIRET, *s'arrêtant immobile en regardant le corps
de sa fille.*
Elle était ici !
LANDINI.
C'est Clairet.
MÉRULA.
C'est Clairet qui la regarde ainsi.
Quoi ! lui, qui l'aimait tant , ne pleure ni ne prie !
CLAIRET, *toujours immobile , regardant le corps
de Marianne.*
Elle aurait eu seize ans, vienne Sainte-Marie.

*Il se tourne vers Landini et Mérula, qui sont prêts à sor-
tir. Il paraît calme et ne porte plus les yeux du côté
de Marianne.*

Restez... pour elle... là... je vous ai vus prier.
MÉRULA.
C'est un cruel devoir.
CLAIRET.
Ce n'est pas le dernier.
Vous avez enlevé cette fille à son père !...
Non pas vous... lui !... son or...

Il prend une bourse, que Mérula refuse.

Voici de l'or... j'espère
Que ceux qui pour son ame imploraient le pardon
Ne voudront pas laisser ce corps à l'abandon.
MÉRULA.
Ce roc n'est pas si nu qu'il n'ait six pieds de terre.
CLAIRET.
Oui... là !... dans quelque endroit secret et so-
[litaire.
LANDINI, *à Mérula.*
Oseras-tu ?
MÉRULA.
J'irai ; dussé-je voir le mien
De lui-même à mes yeux se creuser près du sien.
Viens, viens...

Il va pour sortir.

Pauvre Marianne, adieu !
CLAIRET, *éclatant.*
Non pas Marianne,
Ne nommez pas ainsi ce corps froid !...

Avec douleur.

Qui profane
Ce nom que j'aimais tant ? ne dites pas ce nom ;
Marianne était ma fille avant son abandon ;
Celle-ci, c'est...
MÉRULA, *l'interrompant.*
Silence !... on va creuser sa tombe !
Le père qui maudit l'enfant vivant qui tombe
Se repent bien souvent... mais Dieu voue au re-
[mord
Le père sans pitié qui maudit l'enfant mort.

Il sort avec Landini.

~~~~~~~~~~~~~~~~~~~~~~~~~~~~~~~~~~~~

SCENE VII.

CLAIRET, *seul.*

Le remords !... un remords me brûle et me dévore,

CHRISTINE A FONTAINEBLEAU. 49

Il a séché mes pleurs et les consume encore.
Il se tourne vers Marianne.

Marianne... mon enfant... devant ton corps glacé
Comme un froid étranger ton vieux père a passé.
Il n'était plus ton père !...
Il s'approche.
　　　　　　　　　O ma fille outragée,
Je reviendrai pleurer quand tu seras vengée ;
L'étranger qui passait sera ton père alors.
Il se baisse et prend le poignard.

Quand j'ai vu ce poignard déposé sur ton corps,
Seul gage de salut qui restât à ton âme,
Un nom écrit en sang a brillé sur sa lame ;
La foudre a fait bruire un nom comme un tocsin,
Et ma douleur brisée est restée en mon sein.
Demain je reviendrai...
Il lève le poignard.
　　　　　　Mais, ô ma fille aimée,
Lorsque je placerai sur ta tombe fermée

Ce fer froid où ce soir brillent tes pleurs glacés,
La lame sera tiède et les pleurs effacés.
Il cache le poignard dans son sein, met un genou en terre et embrasse sa fille. Il se lève.

Dors... dors... la mort n'est pas le plus mauvais
　　　　　　　　　　　　　　　　　　　[partage !
Jeune enfant qu'attendait un si riche héritage,
Tu ne peux rien prétendre à présent qu'un linceul.
Il détache son manteau et l'en couvre.

Je ne te verrai plus... adieu !... me voilà seul !
Mérula et Landini paraissent dans le fond, et posent une bêche et une pioche près du mur.

MÉRULA, *de loin.*
Clairet !... Clairet !...
CLAIRET, *sans se retourner.*
Oui... oui... prenez-la ; c'est la vôtre,
Votre victime est prête... et je vais chercher l'autre.
Il sort. Landini et Mérula enlèvent Marianne. La toile tombe.

~~~

ACTE CINQUIEME.

Même décoration qu'aux premier et troisième actes.

SCENE PREMIERE.

SUÉNON, CHARNACÉ, GARDES *au fond.*

CHARNACÉ, *seul, pendant les quatre premiers vers.*
Ces gardes sont de trop, il est bon que j'y pense;
De ce poste, messieurs, ce soir on vous dispense.
Ils sortent.
Bien... Suénon n'est pas un si hardi galant
Qu'il n'ait pour les détails besoin de mon talent.
Suénon entre par la porte de la reine.
Ah ! la reine est rentrée.
SUÉNON.
　　　　　　Oui ; mais non pas chez elle.
CHARNACÉ.
Quoi !
SUÉNON.
　　De Santinelli voulant payer le zèle,
Elle l'a fait mander dans le salon du roi.
CHARNACÉ.
Ce gueux pour un écu nous tuerait tous, je croi ;
Elle le sait.
SUÉNON.
　　　　Fanchon aussi vient de m'apprendre
Qu'un vieux religieux près d'elle va se rendre.
CHARNACÉ.
Ah ! la Fanchon s'est donc laissée interroger ?
Mais tout marche à ravir, si j'en sais bien juger...

La Fanchon remettra ton billet à la reine.
Qu'as-tu donc?
SUÉNON.
　　La démarche où mon amour m'entraîne
M'épouvante.
CHARNACÉ.
　　　En amour les sages sont les fous.
On ne demande pas, on prend un rendez-vous.
D'ailleurs, tu ne peux plus supporter ta souf-
　　　　　　　　　　　　　　　　　　　[france ;
Tu quittes cette nuit et Christine et la France ;
Mais avant de la fuir pour ne plus la revoir,
Un amour invincible, ou plutôt le devoir,
T'ordonne de venir en serviteur fidèle
Jurer à ses genoux que tu mourras loin d'elle !
Le billet est charmant, le succès non douteux,
Si ton courage tient encore une heure ou deux.
SUÉNON.
Conçois-tu son courroux, quand Christine va lire
Ce billet insensé qu'a dicté mon délire ?
CHARNACÉ.
Tu ne seras pas là lorsqu'elle le lira.
SUÉNON.
Que dira-t-elle ? ô ciel !
CHARNACÉ.
　　　　　　Eh bien ! elle dira
Ce que je dis aussi, ce que tu viens de dire,
Que c'est l'amour d'un fou poussé jusqu'au délire.

SUÉNON.
Certes, l'amour d'un fou ; pourtant ce n'est pas lui
Dont Christine entendra le langage aujourd'hui.
Je lui viens reprocher sa longue perfidie.

CHARNACÉ.
Perfidie, ou plutôt cruauté. La Gardie...

SUÉNON.
Je lui viens demander compte de mon honneur.

CHARNACÉ.
Toi ?

SUÉNON.
Quand je subissais son charme suborneur,
Quand Christine à ses pieds laissait ramper ma vie,
A l'amour d'un infâme elle était asservie.

CHARNACÉ.
Tu perds l'esprit, je crois, ou bien jusqu'à ce soir
Tu l'avais donc perdu.

SUÉNON.
J'ai tout vu sans rien voir !
Aux signes trop certains de sa lâche faiblesse,
De son nom, de son rang, j'opposais la noblesse;
Toi-même, Charnacé, souviens-toi, ce matin,
Quand, la parole fière et le regard hautain,
Elle brisait ce flot d'une clameur rebelle,
Rappelle-toi combien elle était grande et belle :
Et, sans te le montrer ce qu'elle est à mes yeux,
Souviens-toi ses exploits, son règne glorieux,
Cet esprit souverain plus haut que sa puissance,
Son sublime abandon de la toute-puissance,
Et tu m'excuseras de ne comprendre pas
Qu'une si noble vie ait pu tomber si bas.

CHARNACÉ.
Toujours l'amour d'un fou poussé jusqu'au délire ;
Mais l'affaire est liée à ne pas s'en dédire,
Le rendez-vous bien pris.

SUÉNON.
J'y viendrai; mais, crois-moi,
Je ne mentirai plus à ce que je me doi.

CHARNACÉ.
Mais ce que tu lui dois n'est pas un sot reproche;
Puis, je te vois d'ici pâlir à son approche.
Tu feras bien assez d'être un peu moins troublé
Si tu veux... [meille.

SUÉNON.
Charnacé !

CHARNACÉ.
Soit... essayons la clé ;
Je vais faire le guet.

Il va à la porte du fond, Suénon ouvre la porte secrète.

SUÉNON.
C'est ouvert.

CHARNACÉ.
A merveille;
Descends, et maintenant attends que tout som-
 [meille.
Au pied de l'escalier, dans le couloir qui suit,
Est la chambre où tu dois rester jusqu'à minuit.

Il accourt du fond de la scène et éteint les bougies.

Diable !

SUÉNON, *prêt à sortir.*
Que fais-tu donc ?

CHARNACÉ.
Je conjure un orage.
Là-bas le vieux Clairet arrive plein de rage ;
Il a sur ma parole été voir saint Aubin.

SUÉNON.
Quoi ! par ce temps ?

CHARNACÉ.
Oui, l'eau tombe à donner un bain
Des pieds jusqu'à la tête au géant Polyphême ;
L'orage du bonhomme éclaterait de même.
Bonsoir.

Suénon entre dans l'escalier secret ; Charnacé s'échappe de Clairet pendant qu'il entre.

SCENE II.

CLAIRET, *seul, harassé de fatigue et dans un sombre accablement.*

Il n'était pas dans son appartement...

Désignant l'appartement de la reine.

Point de gardes... allons ; il est là sûrement.
Il fait humide et froid dans ces vastes demeures,
Et peut-être il faudra l'attendre plusieurs heures !
Je connais sa démarche et le bruit de ses pas ;

Il s'assied et se lève presque au même instant.

Reposons jusque tant qu'il vienne... Il ne vient pas!
Brisé par la fatigue et tout ce qui me frappe,
Je sens que ma pensée à chaque instant m'échappe,
Mon butseul s'en empare, et, seul fixe et constant,
S'attache à vingt projets, que j'oublie à l'instant.
D'abord... ce n'est pas là que je devais l'attendre,
Le moindre cri d'ici là-bas se fait entendre.
Je suis las, je suis vieux ; il est jeune ; il est fort;
On peut le secourir s'il faut plus d'un effort.
Rappelons-nous pourtant... ce projet était sage :
Je devais quelque part m'asseoir sur son passage,
J'avais choisi le lieu... n'allons pas l'oublier.
Oui... oui... j'irai m'asseoir au pied de l'escalier.

Il va vers la porte de la reine.

Non pas là... je me perds... l'escalier est à gauche,
C'est bien... il va passer tout faible de débauche,
Désarmé... confiant... comme on sort du plaisir ;
C'est bien là le moment si je sais le saisir.

Il sort par la porte secrète.

SCENE III.

CHARNACÉ, SANTINELLI, SIX HOMMES, *dont deux placent les torches qu'ils mettent dans les porte-flambeaux du fond.*

CHARNACÉ, *au fond.*
Vous vous en trouverez mal.

SANTINELLI.
Cela me regarde.
CHARNACÉ.
Dans cette galerie on ne mettra de garde
Qu'autant qu'il me plaira, pas plus qu'en ce salon.
SANTINELLI.
J'en mettrai cependant, si vous le trouvez bon.
CHARNACÉ.
Par quel ordre, monsieur?
SANTINELLI.
Par ordre de la reine.
CHARNACÉ.
Dans quel but?
SANTINELLI.
Si le vôtre est que je vous l'apprenne,
Vous ne visez pas droit.
CHARNACÉ.
Vous faites l'insolent.
SANTINELLI.
Insolent?... moi... je laisse à chacun son talent.
CHARNACÉ.
Épargne donc ton sang, puisque l'on te le paie.
SANTINELLI.
Bon pour les sots, qu'un fat paie en fausse monnaie.
CHARNACÉ, *lui mettant la dague sous la gorge.*
Je te cloûrai les mots et la langue au palais
Si tu ne te tais pas.
SANTINELLI, *lui saisissant la main.*
Oui; mais si je me tais,
Soutiendrez-vous plus tard cette fière bravade?
CHARNACÉ.
En seras-tu plus laid... pour un coup d'estocade?
SANTINELLI.
Vous avez, je le sais, la main ferme et l'œil sûr :
Si vous voulez, demain, derrière le grand mur,
L'honneur sera pour moi.
CHARNACÉ
J'y joindrai quelque chose.
A part.
De sa présence ici je veux savoir la cause.
Allons chez le marquis... Ce masque d'assassin
Dénote assurément quelque mauvais dessein.
A Santinelli.
A demain.
SANTINELLI.
A demain.
CHARNACÉ.
Et toi, d'ici là... tâche
De ne pas au bourreau faire passer ma tâche;
Quelque exploit pourrait bien m'en donner les re-
[grets.
SANTINELLI.
C'est peut-être un moyen de nous voir de plus près.

CHARNACÉ.
De près comme de loin songe que je t'observe.
On en pend de meilleurs.

Il sort.

SANTINELLI.
Que l'exemple vous serve.

SCENE IV.

SANTINELLI, LES GARDES.

SANTINELLI, *à l'un d'eux.*
A la reine as-tu dit que je l'attends ici?
LE GARDE.
Oui, capitaine.
SANTINELLI.
Encor! je croyais, Dieu merci,
T'avoir appris ce soir d'une façon certaine
Que le temps est passé du nom de capitaine.
LE GARDE.
Hélas! oui, capitaine.
SANTINELLI.
Eh non! rustre impoli,
Dis donc... oui, monseigneur, comte Santinelli.
LE GARDE.
Monseigneur capitaine.
SANTINELLI.
Allons, il extravague.
Silence, et donne-moi mon épée et ma dague.
Voici la reine.

SCENE V.

SANTINELLI, CHRISTINE, LE PÈRE LE BEL,
portant les papiers et l'écrin.

CHRISTINE, *bas à Santinelli.*
Eh bien!
SANTINELLI, *montrant les gardes.*
Six hommes, dont pas un,
Pour les trente louis qu'ils vont gagner chacun,
Ne craindrait d'attaquer, seul, trois hommes en face.
CHRISTINE.
Clairet vient-il?
SANTINELLI.
Clairet... je crains qu'il ne se fasse
Attendre bien long-temps.
CHRISTINE.
N'est-il pas averti?
SANTINELLI.
Non, du château ce soir il est, dit-on, sorti,
Et personne depuis ne l'a revu.

CHRISTINE.

                N'importe.
Soyez prêts.

SANTINELLI.

Il suffit...

Aux gardes.

             Chacun connaît sa porte,
Allez.

Ils sortent par les diverses portes de l'appartement.

LE PÈRE LE BEL.

      Pour arrêter cet odieux courroux,
J'ai prié, pleuré même, embrassé vos genoux ;
Mais cette ame implacable est sourde à la prière.
Par cette gloire alors dont vous êtes si fière,
Par ce nom de Christine aujourd'hui si vanté,
J'ai parlé d'indulgence à votre majesté ;
La gloire de Christine ignore l'indulgence,
Sa gloire fait servir le meurtre à la vengeance.

CHRISTINE.

J'en juge mieux, mon père, et crois en prendre soin
Lorsqu'à mes actions je donne un sûr témoin ;
Je crois la suivre encor quand ce cœur qu'on of-
Sûr que la vérité suffit à ma défense, [fense,
Choisit pour ce témoin un serviteur du ciel,
Pour qu'il la dise un jour sans faiblesse et sans fiel.
Vous n'êtes pas d'un monde à qui l'usage impose ;
Cent juges assemblés respecteraient la cause
Du marquis, beaucoup moins que ne fait le serment
Que vous avez de moi. Si le marquis dément
L'arrêt qu'il a lui seul prononcé sur lui-même,
Il est sauvé. Sinon, ma justice suprême
Le frappera selon qu'il se sera jugé.

LE PÈRE LE BEL.

Dans un piége de mort vous l'avez engagé.

CHRISTINE.

Mon père, je l'entends qui vient sur mon message
Avec Santinelli : restez dans ce passage ;
Vous entendrez de là mes discours et les siens ;
Vous avez mes sermens, jugez si je les tiens.

A Santinelli.

Toi, prends ceci.

Santinelli prend l'écrin et les papiers, et sort avec le père Le Bel par la porte de la reine.

SCÈNE VI.

CHRISTINE, MONALDESCHI.

CHRISTINE.

C'est lui...

Elle s'assied à côté de la table.

MONALDESCHI, *observant dans la pièce du fond, et entrant.*

           Personne... ici personne.
Je vois que sans raison Charnacé la soupçonne.

CHRISTINE.

Marquis, approchez-vous. J'ai besoin d'un conseil ;
Mais vous en demander sur un sujet pareil,
C'est croire en votre cœur un dévoûment capable
D'oublier tous les torts dont Christine est coupable.

MONALDESCHI.

Ce dévoûment, madame, est ce qu'il fut toujours,
Périssable par vous, si périssent mes jours ;
Mais tant que je vivrai plus fort qu'une injustice.

CHRISTINE.

Mais au lieu d'un conseil... si c'était un service
Que je veux, de ce cœur que j'ai tant offensé ?

MONALDESCHI.

C'est en doutant de lui que vous l'avez blessé.

CHRISTINE.

Eh bien ! donc, puisqu'il faut malgré moi que j'in-
A vous entretenir d'une affaire si triste, [siste
Sachez que du forfait on m'a nommé l'auteur,
Ce soir.

MONALDESCHI, *avec surprise.*

      A vous, madame ?

CHRISTINE.

                Oui, mais le délateur
A quelques officiers l'ayant appris de même...

MONALDESCHI.

Eh bien !...

CHRISTINE.

Plusieurs d'entre eux, que j'estime et que j'aime,
Après l'éclat fâcheux de votre jugement,
A le juger aussi prétendent hautement.
Puis-je les refuser ?

MONALDESCHI.

      Et que dit le coupable ?

CHRISTINE.

Croyant ce tribunal de faiblesse incapable,
Il le réclame aussi.

MONALDESCHI.

      Ce coupable est ?

CHRISTINE.

                Clairet.

MONALDESCHI.

Clairet !

CHRISTINE.

A le sauver je mets quelque intérêt.

MONALDESCHI.

Vous le voulez sauver...

CHRISTINE.

          N'y voyez pas d'offense,
C'est contre votre arrêt que je prends sa défense,
Il y va de la mort.

MONALDESCHI.

      Vous l'acceptiez pour moi.

CHRISTINE.
Je puis être pour lui calme comme la loi.
MONALDESCHI.
Et de ce jugement il veut tenter la chance?
CHRISTINE.
Il le veut sans délai.
MONALDESCHI, à part.
Lui... Clairet... sa vengeance
M'y tendrait-elle un piége?... il en faut mieux
[juger.
A Christine.
Et que puis-je pour vous?
CHRISTINE.
C'est beaucoup exiger,
Mais d'un cœur généreux on peut beaucoup atten-
Voyez mes officiers, et faites-leur entendre [dre;
Que, bien qu'il soit coupable, on ne peut sans
[remord
Envoyer pour ce crime un vieillard à la mort.
MONALDESCHI.
Clairet ne craint-il pas un arrêt si sévère?
CHRISTINE.
Il en sait le danger; mais il y persévère.
Qu'on me traîne, a-t-il dit, devant ce tribunal,
Qu'on se hâte.
MONALDESCHI, à part.
A coup sûr, c'est dans un but fatal.
CHRISTINE, à part.
M'aurait-il devinée?
MONALDESCHI, à part.
Il n'y doit point paraître,
Il m'y perdrait sans doute.
CHRISTINE, à part.
Il m'échappe peut-être.
A Monaldeschi.
Monaldeschi?
MONALDESCHI.
Madame...
CHRISTINE.
Eh bien! qu'en pensez-vous?
MONALDESCHI.
Mais, qu'il faut autrement le sauver, entre nous.
CHRISTINE.
Je ne puis à mes gens enlever cette affaire.
MONALDESCHI.
Sans doute, et ce serait une injure leur faire;
Mais on peut enlever Clairet au jugement.
CHRISTINE.
Comment donc?
MONALDESCHI.
Que Clairet parte secrètement,
Sinon vous le perdez pour peu que l'on écoute
La justice envers lui...
CHRISTINE, avec anxiété.
C'est votre avis, sans doute?

MONALDESCHI.
Il ne doit pas compter sur son obscurité
Pour fuir un châtiment que j'aurais mérité
Plus que lui, par mon rang, pour ce forfait infâme.
CHRISTINE, avec anxiété.
Et ce serait...?
MONALDESCHI.
La mort.
CHRISTINE, avec un rire amer.
La mort!
MONALDESCHI, étonné.
La mort, madame.
CHRISTINE, frappant avec violence sur la table;
Santinelli, le Père Le Bel et les gardes parais-
sent.
Il mérite la mort, vous l'avez entendu.

~~~~~~~~~~~~~~~~~~~~~~~~~~~~~~~~~~~~~

SCENE VII.

CHRISTINE, MONALDESCHI, SANTINELLI,
LE PÈRE LE BEL, LES GARDES.

MONALDESCHI, regardant autour de lui et voyant
toutes les issues gardées.
Que vois-je?... là... partout... partout... perdu...
LE PÈRE LE BEL.
Perdu!
CHRISTINE.
Je ne veux pas d'un coup tuer le corps et l'ame,
Écoutez-le.
LE PÈRE LE BEL.
De grâce!
CHRISTINE.
Écoutez-le.
LE PÈRE LE BEL.
Madame,
Vous répondrez à Dieu du sang qui va couler.
MONALDESCHI.
Mon père, laissez-moi... laissez-moi lui parler.
CHRISTINE.
Quand minuit sonnera... profitez-en, mon père.
MONALDESCHI.
Christine... non... jamais.
CHRISTINE.
C'est assez, je l'espère.
MONALDESCHI.
Christine... non, Christine... on t'égare; mais moi,
Moi, je suis innocent... et... jamais nulle loi
N'a prononcé la mort... la mort pour un tel crime!
Ne crois pas que mon cœur dans cet écrit s'ex-
[prime;
C'est un jour de démence... un exécrable jour;
Mais ce cœur, qui t'aimait, te gardait son amour;

Ce cœur, pour qui le tien veut une mort si prompte.
Oui, je t'aimais... je t'aime.

CHRISTINE.

Ah! que tu me fais honte!

MONALDESCHI.

Ce n'est pas mon arrêt qui cause ma stupeur.
Mourir... ah! ce n'est pas mourir qui me fait peur,
Non... mais là... seul... sitôt... sans prévoir ma
[sentence,
Sans avoir pris courage à perdre l'existence,
Sans rien... Christine... non... si tu veux mon
[trépas!
Demain je serai prêt... ce soir je ne puis pas.

CHRISTINE.

Mon père, soutenez cette indigne faiblesse.

MONALDESCHI.

Christine...

CHRISTINE.

Ne perds pas le temps que je te laisse.

MONALDESCHI.

Christine, eh bien! encore... écoute... cette fois
Ce n'est plus pour moi seul que t'implore ma voix;
Un jour... un jour encor si je demande à vivre,
C'est qu'une autre au tombeau, si je meurs, va me
[suivre.
Eh bien! je l'avoûrai, j'ai trahi ton amour;
Mais celle que le mien a perdue sans retour
De mes crimes jamais... jamais ne fut complice.
Laisse-moi préparer son âme à mon supplice;
Qu'à sa vie en mourant j'assure de longs jours,
Une heure, une heure encor pour la perdre à
[toujours!
J'ai mérité la mort où ton cœur me condamne,
Mais elle, tu l'aimais, tu la plaindras...

CHRISTINE.

Marianne?

MONALDESCHI, presque à genoux.

Eh bien! oui, sur son sort que je sois rassuré,
Et je mourrai tranquille, et je te bénirai.

CHRISTINE.

Calme donc ces frayeurs où tant d'amour t'emporte;
Allons, Monaldeschi... du courage... elle est morte.

MONALDESCHI, se relevant, et avec rage.

Tu l'as assassinée!...

CHRISTINE.

Infâme, ce forfait
T'appartient.

MONALDESCHI.

Non, Christine, il te sert, tu l'as fait.

CHRISTINE.

Arrête...

MONALDESCHI.

Il n'est plus temps... toute crainte est brisée;
Toi, tu peux me punir de t'avoir méprisée.

CHRISTINE.

L'heure peut se hâter.

MONALDESCHI.

Christine, écoute-moi;
Tes bourreaux sont plus loin de moi que moi de
[toi.
Entends donc ton arrêt, et qu'eux aussi l'enten-
[dent;
A l'enfermer ici tes soins en vain prétendent,
Une fois prononcé, tout le fera parler :
Ce plancher, qui boira le sang qui va couler ;
Les débris des poignards cloués dans les murailles ;
Ce corps, dans le cercueil jeté sans funérailles ;
Ces bourreaux dont tu n'as acheté que le fer,
L'un qui te redira pour se vendre plus cher,
L'autre autour d'un foyer pour amuser des femmes;
Toi-même on t'entendra, quand tes crimes infâmes
Brûleront ton sommeil sur ta couche de mort,
Le dire avec des cris... la nuit... comme un remord.
Écoute donc, Christine... écoutez tous ensemble ;
Tu détournes en vain ton front pâle qui tremble ;
Tes yeux, ta rage en pleurs m'évitent vainement.

CHRISTINE.

Je regarde combien l'heure va lentement.

MONALDESCHI.

Marianne est morte,... eh bien! c'est toi qui l'as tuée;
A d'infâmes plaisirs reine prostituée,
La débauche est ta vie, et le meurtre te suit.
Le poison, le poignard sont tes armes.

CHRISTINE, *montrant l'heure du doigt.*

Minuit!

Elle sort.

Santinelli à ce geste, s'approche doucement de Monaldeschi,
et le frappe d'un poignard qui se brise.

~~~~~~~~~~~~~~~~~~~~~~~~~~~~~~

SCÈNE VIII.

LE PÈRE LE BEL, SANTINELLI, MONAL-
DESCHI, LES GARDES, CHARNACÉ, *dont on
entend la voix en dehors.*

SANTINELLI, *jetant son poignard avec colère.*

Malheur! c'était pourtant ma lame florentine.

MONALDESCHI, *montrant sa cuirasse.*

Tu vois, Santinelli... je connaissais Christine.
A nous deux.

SANTINELLI, *aux gardes.*

A nous tous.

Ici une lutte s'engage. Monaldeschi, l'épée et la dague à la
main, se fait jour à travers les assassins et fuit dans la
galerie; le père Le Bel court avec Santinelli vers la porte
du fond.

LE PÈRE LE BEL, *regardant dans la galerie par
une des fenêtres.*

Il s'échappe, il combat.

SANTINELLI, *arrêtant le père Le Bel, qui veut
sortir.*

Restez...

LE PÈRE LE BEL.
Il est sauvé.
SANTINELLI, *regardant de même.*
Rien, rien, il se débat.
CHARNACÉ, *en dehors.*
Ouvrez, ouvrez...
LE PÈRE LE BEL.
On vient, et ta rage est trompée.
SANTINELLI.
Le voilà sans défense.
MONALDESCHI, *en dehors.*
Une épée ! une épée !
LE PÈRE LE BEL, *avec horreur, et se reculant de la fenêtre.*
Il revient tout sanglant.
SANTINELLI.
Fuite, efforts superflus.
MONALDESCHI, *en dehors.*
Ah !
CHARNACÉ, *frappant violemment à une porte éloignée..*
Ouvrez.
LE PÈRE LE BEL.
On l'entend.
SANTINELLI.
On ne l'entendra plus.

Santinelli sort par la porte du milieu ; Charnacé entre dans la galerie; et au moment où Monaldeschi paraît, il se place entre lui et les assassins, de manière que Monaldeschi pénètre seul avec Charnacé.

MONALDESCHI, *dehors.*
Christine !
CHARNACÉ, *s'élançant contre les assassins, et protégeant l'entrée de Monaldeschi.*
A moi.
MONALDESCHI, *entrant, et tombant dans les bras du père Le Bel.*
Christine !
CHARNACÉ, *entre et ferme la porte; il la tient avec force, tandis que les assassins tentent de la forcer.*
Allez, je tiens la porte.
LE PÈRE LE BEL.
Où fuir ?

Monaldeschi se traîne avec effort du côté de la porte de la reine. Le père Le Bel l'arrête.

Christine est là !
CHARNACÉ.
Je n'en puis plus, qu'il sorte.
Désignant la porte secrète.
Par là... là.

MONALDESCHI, *au père Le Bel, lui montrant la porte secrète.*
Venez donc, et que mon sang versé
Dise comment j'y passe et comment j'y passai.

A peine est-il sorti, que l'on force la porte que tient Charnacé.

LE PÈRE LE BEL.
Il est sauvé.
SANTINELLI, *qui a brisé l'une des fenêtres.*
Malheur ! courez par la poterne,
Par la cour, par le bois.
Les assassins sortent.
CHARNACÉ, *courant après eux.*
A moi donc !
SANTINELLI.
Qu'on le cerne.
LE PÈRE LE BEL, *s'élançant vers Santinelli.*
Tu passeras avant sur ce corps désarmé.

Ils sortent en tumulte en emportant les flambeaux.

~~~~~~~~~~~~~~~~~~~~~~~~~~~~~~~~~~~~~~

SCÈNE IX.

MONALDESCHI, *seul, rentrant dans l'obscurité par la porte secrète, et arrachant un poignard de sa poitrine.*

C'est un cercle de meurtre où je suis enfermé...
C'est assez... c'est assez... au secours !... qu'on m'a-
[chève.
Il tombe sur un canapé.

~~~~~~~~~~~~~~~~~~~~~~~~~~~~~~~~~~~~~~

SCÈNE X.

MONALDESCHI, CLAIRET, CHRISTINE
ensuite.

CLAIRET, *entrant avec lenteur.*
J'en suis sûr, j'ai frappé... ce n'était plus ce rêve
Où des ombres de feu s'agitaient sur le mur.
Non, un homme a passé ; j'ai frappé, j'en suis sûr.
CHRISTINE, *entr'ouvrant sa porte.*
Combien soudainement Dieu venge la victime !
Ah ! ce billet... au cœur m'a frappé de mon crime.
Suénon va venir... malheureuse !... en lisant,
J'ai vu Monaldeschi sur la terre gisant
Se dresser entre nous, pâle, sanglant, terrible.
Éloignons Suénon... appelons... Nuit horrible !
Dans ce silence mort ma voix me fait trembler ;
Si des cris répondaient quand je vais appeler...
Mais si Suénon vient... s'il vient, si son pied glisse
Dans le sang... il saura quel sang et quel supplice...
Cherchons Santinelli... marchons... Je n'ose pas...
Si je heurtais... j'ai peur... j'ai peur.
CLAIRET.
J'entends des pas.

CHRISTINE.
On vient... Dieu !
CLAIRET.
Qui va là ?
CHRISTINE.
C'est Clairet !
CLAIRET.
C'est la reine !
CHRISTINE.
Partout où le sang coule un instinct sûr l'entraîne !
Que viens-tu faire ici ?
CLAIRET.
Tenir votre serment,
Me venger.
CHRISTINE.
Ah ! tu l'es...
CLAIRET.
Peut-être...
CHRISTINE.
Sûrement...
CLAIRET.
Je n'ai frappé qu'un coup, et j'ai frappé dans l'om-
[bre.
CHRISTINE.
Ici ?
CLAIRET.
Tout près d'ici ; dans cet escalier sombre.
CHRISTINE, *avec un cri.*
Assassin, qu'as-tu fait ?
CLAIRET.
J'en connais le péril.
CHRISTINE.
Qui donc as-tu frappé ?
CLAIRET.
Je ne sais.
CHRISTINE.
Quel est-il ?
Il venait ?...
CLAIRET.
Je ne sais.
CHRISTINE.
Sortait-il ?
CLAIRET.
Que m'importe !
L'homme qui peut la nuit passer par cette porte,
Vous l'aimez... j'ai tué l'homme que vous aimez.
CHRISTINE.
Sous mes pas... par tes mains les meurtres sont se-
[més.
CLAIRET.
J'ai tué le marquis... pour moi.
CHRISTINE.
Monstre exécrable !
Ce n'est pas lui.
CLAIRET.
Qui donc ?

CHRISTINE.
Suénon !...
CLAIRET.
Misérable !
Qu'ai-je fait ?
CHRISTINE.
Il n'est plus !...
CLAIRET.
Détestable hasard !
CHRISTINE.
Il meurt ! il meurt !
CLAIRET.
Et moi, j'ai perdu mon poignard !
CHRISTINE, *courant vers la porte du fond.*
Qu'on le sauve ! au secours !
CLAIRET, *l'arrêtant violemment.*
C'est me perdre ; silence !
Je crains peu que Christine entre nous deux balance,
C'est le fils de Magnus.
CHRISTINE.
Je me sens défaillir.
CLAIRET.
Ah ! surmontez l'effroi qui vous vient assaillir.
Dans votre appartement des flambeaux doivent
J'y cours et je reviens.   [être,
CHRISTINE.
Je le verrai !...
CLAIRET.
Peut-être.
Et si c'est Suénon qu'a frappé mon poignard,
Nous le secourrons.
CHRISTINE.
Dieu !
CLAIRET.
Mais s'il était trop tard
Pour le sauver, alors sur ce meurtre exécrable
Nous jetterons tous deux un voile impénétrable.
Il sort.

~~~~~~~~~~~~~~~~~~~~~~~~~~~~~~~~~~

SCENE XI.

CHRISTINE, MONALDESCHI, *mourant.*

CHRISTINE.
Ah ! je n'aurais pas cru que l'on pût tant souffrir
Sans succomber... Le lâche ! il tremblait de mourir.
Mourir c'est un instant de supplice... mais vivre,
C'est subir le remords armé pour nous poursuivre,
Armé de sang, de cris, de silence et de nuit,
Armé de peur enfin... tel... tel qu'il me poursuit.

Elle marche en disant ces vers et touche le corps de Monaldeschi ; elle recule épouvantée.

Dieu ! là... là... j'ai senti... c'est Suénon sans doute ;

Elle essuie sa main avec effroi.
Sans doute c'est le sien... approchons... plus :
[j'écoute.
Il respire... c'est lui.

Elle s'approche de sa porte.

Malheureux Suénon!
Clairet, accours, accours, c'est lui.

Elle revient près de lui et lui soulève la tête.

Malheureux!

Elle le laisse retomber et fuit épouvantée.

Non,
Il n'a frappé qu'un coup, je sens plusieurs bles-
[sures.

SCENE XII.

Les Mêmes, SUÉNON.

SUÉNON, *entrant avec précaution par la porte secrète.*
Bien... la nuit m'a prêté ses ombres les plus sûres.
CHRISTINE, *dans une sorte de délire.*
Non, c'est Monaldeschi!
SUÉNON.
J'entends des pas douteux.
CHRISTINE.
Tous deux sont-ils tombés, et suis-je entre tous
[deux?
Clairet ne revient pas, je suis seule, je tremble.
SUÉNON.
C'est Christine, approchons.
CHRISTINE.
S'ils se levaient ensemble?
SUÉNON.
Christine...
CHRISTINE.
Les voilà!
SUÉNON.
C'est moi... c'est Suénon!
CHRISTINE.
Monaldeschi vient-il?
SUÉNON.
Eh! madame, ce nom
Vous poursuit-il partout d'un souvenir si tendre
Que pour adieu dernier il me faille l'entendre?
CHRISTINE, *revenant à elle.*
Ah! oui, je me souviens... c'est vous... vous me
[quittez,
Vous me l'avez écrit... eh bien!... partez... partez.
SUÉNON.
Christine, et voilà donc le prix de ma constance

A jeter à tes pieds toute mon existence?
Je t'aimais d'un amour où tu n'as pas de foi;
T'aimer était ma vie et te servir ma loi;
Mais tu n'as pas compris, dans cet amour servile,
Qu'en pliant tout ce cœur aux soins d'une ame vile,
Je faisais plus pour toi que de te conquérir
Ce trône que tu veux et que je viens t'offrir.
CHRISTINE.
J'y renonce... partez... fuyez, partez sur l'heure.
SUÉNON.
Christine, le crois-tu? c'est Suénon qui pleure!
Jamais ce cœur pour toi si bas ne s'est surpris,
Je n'ai plus le pouvoir de sentir tes mépris.
Je t'aime, et cet amour assez long-temps...

Ici Monaldeschi se soulève.

CHRISTINE.
Silence!
N'as-tu rien entendu?
SUÉNON.
Sens ce cœur qui s'élance
Et brûle sous ta main.
CHRISTINE.
Ne touche pas ma main,
Elle te tacherait de sang.
SUÉNON.
De sang?
CHRISTINE.
Demain
Sois parti pour jamais... ne cherche pas ma vue;
Va, va-t'en, Suénon, ta présence me tue.
SUÉNON.
Explique-toi, Christine.
CHRISTINE.
Ah! que veux-tu savoir?
SUÉNON.
On vient... qui vient ici?
CHRISTINE.
Tu ne dois pas le voir.
Suénon, pars, va-t'en!... déjà ce lieu s'éclaire.
Je te l'ordonne, sors.
SUÉNON.
Je comprends sa colère;
C'est donc Monaldeschi... sur lui je me suis tu,
Mais qu'il vienne!

Suénon s'élance vers la porte à laquelle paraît Clairet avec une torche; Monaldeschi s'est traîné, en s'appuyant sur les murs jusqu'à cette porte, et se trouve face à face avec Suénon.

CHRISTINE.
Malheur!

SCENE XIII.

Les Mêmes, CLAIRET.

MONALDESCHI.
Suénon, où vas-tu?

SUÉNON, *avec horreur.*
Ah! Christine!
CHRISTINE, *tombant sur un fauteuil.*
Non, non.
CLAIRET.
C'était lui.
MONALDESCHI.
Tiens, achève;
Il en reste bien peu maintenant pour ton glaive.
SUÉNON.
Dieu!
MONALDESCHI.
Frappe! leurs poignards sans doute sont usés.
La fièvre bat partout sur mes membres brisés.

Il aperçoit Christine.

Ah! Christine... c'est toi... l'amour qui te dévore
Te fait trop hâter... non, Christine... pas encore.

SUÉNON, *cachant sa tête dans ses mains.*
Qu'ai-je vu?
CLAIRET.
Par le sang des crimes expiés.
MONALDESCHI, *se traînant vers Christine.*
Christine... Suénon doit te plaire à tes pieds;
Que d'un pareil amour tu dois t'être applaudie!
Et tu l'adores, toi, comte de La Gardie;
Fier du nom de ton père, et jaloux de garder
Ce nom pur et sans tache, ose la regarder :
Elle l'empoisonna!
SUÉNON, *s'élançant vers Christine.*
Christine...
CHRISTINE, *avec des sanglots.*
Nuit affreuse!
SUÉNON.
Ce n'est pas vrai, réponds, Christine!
CHRISTINE, *se cachant la tête dans ses mains.*
Malheureuse!

SUÉNON.
Dis que ce n'est pas vrai, parle!
MONALDESCHI, *près de Christine, et écartant ses mains de son visage.*
Regarde là!
SUÉNON, *à Monaldeschi.*
Tu mens, Monaldeschi!
MONALDESCHI.
Regarde... me voilà!
Oui, Suénon, ce front où ton ame est si belle,
Ces bras faits pour le fer et que la guerre appelle,
Ce cœur qui bat si haut... vois ce qu'ils en feront,
Le poignard s'écrira sur ce bras, sur ce front,
Il glacera ce cœur... voilà ce qu'on t'estime...

A Christine.

C'est encor là, Christine, une belle victime!
CHRISTINE.
Ah! je meurs.
SUÉNON, *voulant s'éloigner.*
Dieu!
MONALDESCHI, *l'arrêtant.*
Non, viens... viens... pour cet avenir;
Monaldeschi mourant a droit de vous unir.

Lui montrant la chambre de Christine.

Tiens, voici ton épouse et sa couche royale...

Lui montrant Clairet.

Et le bourreau qui tient la torche nuptiale.

Il se traîne vers la porte de la reine.

Va donc réaliser l'espoir où tu te plus.
Entre ici maintenant.

Il tombe en travers de la porte.

CLAIRET.
Maintenant il n'est plus.

FIN.

PARIS. — IMPRIMERIE DE Mme Vᵉ DONDEY-DUPRÉ,
Rue Saint-Louis, 46, au Marais.